바보들은

항상

남의 탓만 한다

바보들은
항상
남의 탓만 한다

바보들은 항상 남의 탓만 한다

존 G. 밀러 지음
송경근 옮김

대리석 속에 간힌 천사를 발견했다.

끌로 열심히 파서 그 천사를 풀어주었다.

미켈란젤로 Michelangelo

도대체 무슨 일이 벌어진 거지?

휴스턴의 어느 고속도로 위로 세워진 표지판에는 이런 글귀가 적혀 있다.

"당신의 책임의식은 도대체 어디로 사라져버린 것일까요?"

누가 표지판을 세웠는지는 모르지만 이 글귀는 내 관심을 사로잡기에 충분했다. 누가 봐도 분명한 현실이 담겨 있었기 때문이다. 개개인의 책임의식은 다 어디로 사라져버린 것일까? 왜 자신에게 발생한 문제나 잘못된 행동, 부정적인 느낌을 다른 사람의 탓으로 돌리며 비난하고 손가락질 하는 것일까?

언젠가 작은 주유소 편의점에서 커피를 주문한 적이 있었다. 그런데 웨이터가 텅 빈 컵만 달랑 내놓는 게 아닌가? 그래서 카운터 뒤에 서 있던 웨이터에게 물었다.

"이봐요. 커피는 왜 안 주는 거요?"

그랬더니 웨이터는 불과 4~5미터 옆에 서 있던 동료를 가리키며 이렇게 말하는 것이었다.

"커피는 저 여자 담당인데요."

담당이라니? 우리 집 거실 크기밖에 안 되는 주유소 편의점에서 담당이라니?

한번은 국내선 여객기에 탑승했는데, 승무원이 기내방송용 인터폰을 들더니 이렇게 말했다.

"승객 여러분 죄송합니다. 오늘은 미리 공지드렸던 영화를 상영할 수가 없습니다. 비디오를 공급하는 사람이 다른 영화 테이프를 가져왔기 때문입니다."

또 있다. 언젠가 차를 타고 가다가 운전자 전용 피자가게에서 피자를 주문했다. 그런데 한참을 기다려도 주문한 피자는 나오지 않았다. 아마도 우리가 주문한 것을 빠트린 듯했다. 차에서 기다리던 아내와 아이들은 배가 고프다며 아우성이었고, 나는 주문을 재차 확인한 뒤 피자를 나오길 기다리며 가게를 이리저리 서성거리고 있었다. 그때 카운터 뒤에 서 있던 젊은 친구가 불쑥 이렇게 말하는 게 아닌가!

"아저씨! 저한테 뭐라 그러지 마세요. 전 지금 막 교대했어요."

우리는 이런 말을 정말 자주 듣곤 한다.

"내 잘못이 아니야."

"내 일이 아니야."

"그건 내 알 바 아니야."

고속도로 표지판이 내 시선을 사로잡은 첫 번째 이유는, 나 역시 그

글귀에 공감했기 때문이다. 하지만 더 큰 이유는, 처음에 이 글귀를 만든 누군가가 이 사회에서 책임의식이 실종됐다는 사실을 절실히 깨달았으리라는 점에 생각이 미쳤기 때문이다.

나 역시 이러한 현실에 공감한다. 이 책을 쓴 이유도 여기에 있다. 그렇다면 이 책을 어떤 사람들이 읽어야 할까? 다음에 나열하는 질문을 경험해 본 사람이라면 누구라도 이 책을 읽어 볼 필요가 있다.

"저 팀은 언제쯤 맡은 일을 제대로 할까?"

"저 사람들은 왜 효과적인 의사소통이 어려운 걸까?"

"실패의 원인이 누구에게 있을까?"

"왜 이 모든 변화를 받아들여야 하는 거지?"

"언제쯤이면 누군가가 나를 교육시켜줄 것인가?"

흔히들 제기하는 질문이다. 그러나 이런 질문은 개인적 책임의식의 결여를 반증하고 있으며, 오늘날 우리가 직면하게 되는 문제의 상당수가 바로 부족한 책임의식에서 비롯된다.

반대로 생각할 때, 우리의 조직과 삶을 개선하기 위한 가장 효과적인 방법은 지금까지의 사고방식을 뒤집어 스스로의 책임을 부각시키는 질문을 제기하는 것이다.

핵심 질문QBQ*이란 효과적인 질문을 통해 모든 개인이 스스로의 책임을 다하도록 돕기 위해 오랫동안 개발되고 다듬어진 질문기법을 말한다.

나는 이 기법에 대해 1995년부터 저술활동과 강연활동을 병행해오고 있으며, 최근에 들어서는 이 기법이 상당히 널리 확산되고 있다. 그래서 생산성 향상과 팀워크 개발, 스트레스 감소, 건강한 대인관계 형성, 향상된 고객서비스 등 다양한 성공사례를 거의 매일 접하고 있다.

---

* 이 책에서 '그릇된 질문Incorrect Question-IQ'에 대한 해결책으로 특별히 강조되는 'Question Behind Question-QBQ'는 앞으로는 '핵심 질문'이라고 부르기로 한다. 독자 여러분이 특별히 주목해주시기를 당부한다.

뿐만 아니라 핵심 질문은 개인적으로도 매우 유용한 결과를 낳는다. 핵심 질문을 실천하는 그 순간부터 상황이 호전되는 것처럼 보일 뿐만 아니라 생활 자체도 더 즐거워진다. 그리고 개인적인 책임을 실천하면 삶은 더욱 만족스럽고 풍요로워진다.

당신이 앞서 나열했던 질문들을 실제로 물어보거나 들어보았다면 그리고 다른 사람들의 책임의식 결여로 인해 실망한 적이 있다면—또는 당신 속에도 이런 사고방식이 존재한다면—이 책은 바로 당신을 위한 것이다. 이제 마음껏 음미해 보자!

IQ
QBα

Part 1
선택의 길은 언제나 열려 있다

Part 3
리더라고 생각하는 사람이 바로 리더다

Part 1

선택의 길은 언제나 열려 있다

1.

어느 화창한 봄날, 시간이 없었던 나는 간단히 요기를 하기 위해 미니애폴리스 도심에 있는 자그마한 레스토랑을 찾았다. 때마침 점심시간이어서 레스토랑 안에는 밀려든 사람들로 발 디딜 틈조차 없었다. 나는 빈자리를 찾다가 마침 바bar 앞에 비어 있던 일인용 의자를 발견하고 거기에 앉았다. 몇 분쯤 흘렀을까, 한 젊은 종업원이 지저분한 그릇이 가득 쌓인 쟁반을 들고서 주방으로 바삐 걸어가다가, 나를 한번 쳐다보고는 가던 걸음을 돌려 나에게 다가왔다.

"주문하셨습니까, 손님?"

“아뇨, 아직. 샐러드랑 롤 케이크 세 개만 주세요.” 내가 말했
다.

“네, 곧 갖다 드리겠습니다. 음료는 뭘로 하시겠습니까?”

“코카콜라 라이트요.”

“죄송합니다만 손님, 저희 가게에는 펩시콜라밖에 없는데 펩시
도 괜찮으시겠습니까?”

“아뇨, 그럼 됐습니다.” 가벼운 미소를 지으며 내가 말했다.

“그냥 얼음물에 레몬 한 조각만 띄워 주세요.”

“네, 알겠습니다. 금방 가져다 드릴게요.”

젊은 종업원은 금방 내 시야에서 벗어나 총총히 주방으로 사라졌
다. 그리고 잠시 후 그는 샐러드와 롤 케이크, 그리고 레몬을 띄운
얼음물을 들고 나타났다. 내가 고맙다고 말하자, 그는 멋쩍은 듯 쓱
한번 웃더니 서둘러 다른 테이블로 발을 돌렸고 나는 흡족한 마음
으로 맛있게 먹기 시작했다.

그런데 잠시 후 한줄기 ‘열정의 바람’이 내 등 뒤를 지나 오른쪽 어
깨 너머로 휙 불어왔다. 깜짝 놀라 쳐다보니, 아까 그 종업원이 음료
수 캔 하나를 들고서 거기에 서 있는 것이 아닌가! 그가 들고 있었

던 음료수는 냉장고에서 지금 방금 꺼낸 듯이 표면에 서리가 껴 있을 정도였다. 그가 들고 있던 것은 내가 주문했던, 바로 그 코카콜라라이트였다.

"오! 고마워요." 깜짝 놀라며 말했다.

"천만에요." 그는 아까와 같은 수줍은 미소를 살짝 비치더니 이번에도 황급히 다른 테이블로 가버렸다.

그의 뒷모습을 바라보며 나는, '직원을 쓰려면 바로 저런 사람을 고용해야지!' 하고 생각했다. 대부분의 젊은 직원들과 비교해 보면, 그는 확실히 어딘가 다른 사람이었다. 그리고 이 친구의 남다른 서비스에 대해 생각하면 할수록, 그와 직접 만나 좀 더 이야기를 해봐야겠다는 생각이 들었다. 마침 그와 시선이 마주쳤을 때, 나는 손을 들어 그 친구를 불렀다.

"저기, 잠깐만요. 아까는 코카콜라가 없다고 하지 않았던가요?" 내가 물었다.

"네, 맞습니다. 손님."

"그런데 이건 어디서 난 건가요?"

"길모퉁이에 있는 가게에서 사온 겁니다."

순간 나는 깜짝 놀랐다.

　　"돈은 누가 내고요?"

　　"제가 1달러를 냈습니다, 손님."

이건 정말 감탄사가 나오지 않을 수 없었다. 하지만 나는 또 하나 궁금한 게 있었다.

　　"아니, 이렇게 정신없이 바쁜데 언제 거기까지 갔다 왔어요?"

　　그러자 종업원은 얼굴에 미소를 머금은 채 뿌듯한 표정으로 이렇게 말했다.

　　"제가 간 게 아니라 '제 상사'를 보낸 겁니다!"

정말이지 믿을 수가 없었다. 이것이야말로 진정한 의미의 권한위임 empowerment 아닌가! 종업원이 매니저에게 '콜라 하나 사다 주세요.' 하고 요구할 수 있다니! 이 얼마나 요즘 세상에 필요한 장면인가! 특히 여기서 눈여겨봐야 할 것은, 이 종업원의 행동이 개인적 책임의식과 핵심 질문의 실체를 잘 보여주는 행동이라는 사실이다. 핵심 질문에 대해서는 앞으로 상세히 논의하기로 하고, 일단 이 종업원의 칭찬할 만한 사고방식과 현명한 판단에 대해 다시 살펴보자.

내가 이 레스토랑을 찾았을 때는 사실 매우 바쁜 점심시간이었고, 이 종업원 역시 분주하게 움직이고 있었다. 이 와중에 그는 자기가 담당하는 테이블도 아닌데, 손님을 도와주어야겠다는 판단을 내렸다. 당시 이 종업원이 무슨 생각을 하고 있었는지는 나도 잘 모르겠다. 그러나 같은 상황에 직면했을 때, 보통 사람들은 다음과 같이 불평을 해댈 것이다.

"내가 왜 여길 전부 신경 써야 돼?"

"이쪽 담당자가 도대체 누구야?"

"왜 관리자들은 상품을 이것밖에 취급하지 않는 거야?"

"왜 항상 일손이 달리는 거지?"

"언제쯤이면 손님들이 알아서 메뉴를 파악할 수 있을까?"

이렇게 생각하는 것도 무리는 아니다. 특히 자신의 일에 애정도, 의욕도 없는 직원이라면…. 그러나 분명한 것은, 이런 질문은 아무런 의미도 없다는 사실이다. 이런 부정적인 생각으로는 어떤 문제도 해결할 수 없다. 이 책에서는 이처럼 '그릇된 질문Incorrect Question'을 그릇된 질문IQ이라고 부르고 이에 대해서도 이야기할 것이다. 그릇된 질문으로는 긍정적이고 생산적 결과를 얻을 수 없다는 점을 분명히 하기 위해서이다. 그리고 이런 사고방식을 가진 사람은 어떤 문제가 발생하거나 상황이 악화되면 그 책임을 모두 다른 사람 혹은 다른 무언가에게 전가하기에 급급하기 때문에 내가 말하고자 하는 개인적 책임의식과 완전히 대치된다.

그럼에도 불구하고 이런 사고방식이 우리의 의식 구조 가장 깊숙한 곳에 먼저 자리 잡은 경우도 적지 않다. 그리고 좌절감에 휩싸이거나 무언가 변화를 요구받았을 때 우리의 첫 반응은 대부분 부정적이고 방어적이며, 머릿속에 처음으로 떠오르는 질문 또한 대개 그릇된 질문들이다.

하지만 희망이 전혀 없는 것은 아니다. 좌절감에 휩싸인 순간이야말로 조직에서 우리의 기여도를 높일 수 있는 기회로 작용하며, 이때 핵심 질문을 활용하면 이 기회가 주는 가능성을 더욱 향상시킬 수 있다. 반면에 머릿속에 핵심 질문이 아닌 그릇된 질문이 자리 잡는 순간, 우리는 다음의 두 가지 가운데 하나를 선택하게 된다. '도대체 언제쯤이면 일손이 조금 한가해질까?' 하는 질문을 머릿속에 담은 채 상황을 수용해버릴 것인가? 아니면, '상황을 호전시키기 위해 내가 무엇을 할 수 있을까?' 또는 '어떻게 하면 내가 우리 팀을 도울 수 있을까?' 등의 바람직하고 책임 있는 질문을 포기한 채로 모든 상황을 거부해버릴 것인가?

핵심 질문의 함축적 본질은 발전적인 질문을 통해 주어진 순간에 더욱 발전적인 선택을 하는 것이다.

앞에 나온 종업원 제이콥의 행동이 대표적인 예다. 그는 그릇된 질문, 즉 그릇된 질문을 제기하거나 상황의 부정적인 측면에 얽매이지 않았다. 대신 의식적으로 올바르게 생각하고, 올바르게 선택했으며, 발전적인 질문을 제기했다. 그가 마음속으로는 어떤 생각을 했든지 간에, 그의 행동 자체는 책임 있는 사고가 기반이 된 발전적인 질문, 즉 '무엇을 하면 내가 도움이 될 수 있을까?', '어떻게 하면 내가 저 사람의 가치를 높일 수 있을까?'와 같은 질문이 있었다. 다시 말해서 그는 남다른 선택을 한 것이다.

식사를 마치고 레스토랑을 나오면서 나는 그 종업원에게 상당히 후한 팁을 남겼다. 누구라도 마찬가지였을 것이다. 그는 그만한 팁을 받을 자격이 충분한 사람이었으니까! 그리고 몇 개월 뒤에 나는 다시 그 레스토랑을 찾아갔다. 한 여자 종업원에게, "내가 제일 좋아하는 제이콥 밀러는 어디 있나요?" 하고 물었다. 그러자 종업원은 이렇게 말했다.

"죄송합니다, 손님. 제이콥은 얼마 전에 이곳을…."
불현듯 이런 생각이 머릿속을 스쳤다. '뭐!? 내가 제일 좋아하는 친구가 이곳을 떠났다고? 날 위해 어떤 일도 마다하지 않던 그 친구가?' 어떻게 그런 종업원을 내보낼 수 있는지 나는 도무지 이해가 되질 않았다.

하지만 그녀에게는 별다른 내색을 하지 않았다.

"저런, 그 사람이 떠났군요?" 하고 한 마디 던졌을 뿐이었다.
그러자 그녀는 쾌활한 목소리로 이렇게 대답했다.

"아니요, 손님. 관둔 게 아니라 관리자로 승진하셨어요."
그 대답을 듣고 언뜻 이런 생각이 들었다. '관리자라구? 왜 그런 쓸데없는 자리에!' (이 책을 읽는 당신이 관리자라 하더라도 너무 기분 나쁘게 생각하지 않길 바란다.)

남다른 사고방식을 가졌던 제이콥은 이렇게 스스로 선택한 목표에 남보다 빨리 이를 수 있었다. 그것은 어찌 보면 당연한 결과라고 할

수 있다. 한 사람이 책임의식을 가지고 있느냐 없느냐의 차이가 바로 이런 것이다. 고객, 직장 동료, 조직 등 누구와의 관계에서도 승리자가 될 수 있다. 그리고 제이콥의 입장에서 볼 때 팁과 승진보다 더욱 중요한 것은, 발전적인 선택과 발전적인 질문으로 보낸 보람된 하루 그리고 책임을 완수하며 충만한 하루하루를 마감하면서 스스로 느끼는 커다란 성취감일 것이다.

진정한 의미의 권한위임 아닌가!
종업원이 매니저에게 '콜라 하나 사다 주세요.' 하고 요구할 수 있다니!
이 종업원의 행동은 개인적 책임의식과
핵심 질문의 실체를 잘 보여주는 행동이다.
핵심 질문의 함축적 본질은 발전적인 질문을 통해 주어진 순간에 더욱 발전적인
선택을 하는 것이다.

cola
ONE

2.

선택의 길은
언제나 열려 있다

덴버로 이사를 하고 나서 우리 가족은 이제까지 한 번도 본 적 없었던 '염소머리goat head'란 존재를 처음 알았다. 염소머리는 미국에서도 이 지역 근처에서만 자생하는 가시관목으로, 작고 날카로운 가시가 특징이며 염소의 귀와 뿔, 코를 닮았다고 해서 이런 이름이 붙여졌다.

길을 걷거나 자전거를 타고 가다가 하늘을 향해 가시를 돋친 이 염소머리를 밟는 날에는 그날 하루를 완전히 망쳤다고 해도 과언이 아니다.

실제로 우리는 중서부지역에 살 때보다 이곳에 와서 훨씬 더 자주

자전거 타이어를 교체해야 했다. 그래서 이곳 사람들은 염소머리 때문에 아예 처음부터 두꺼운 산악자전거용 타이어를 장착하기도 한다.

삶과 일이라는 험한 미개척지를 여행해야 하는 우리는 하루에도 수십 번씩 선택의 기로에 서게 된다. 여기에서 중요한 것은 행동이 아니라 사고思考이다. 그릇된 사고는 비난과 불평, 태만을 조장하는 감성의 염소머리를 밟는 것과 다름없다. 반면에 합리적인 사고는 풍요롭고 만족스러운 삶의 시작일 뿐만 아니라, 생산적인 결정에서 비롯된 자부심과 성취감으로 우리를 끌고 간다.

무엇이 되었든 간에 스스로 선택해야 하는 책임 그리고 그 선택을 할 때 반드시 발전적인 선택을 해야 하는 책임은 바로 우리 자신에게 있다. 이 개념이 바로 핵심 질문의 토대이다.

어떤 사람들은 무엇이든 '도무지 선택의 여지가 없다'라고 말하기도 한다. 그리고 '나는 …해야만 해!' 또는 '…는 도저히 할 수 없어!'라는 식의 표현을 자주 사용한다. 그러나 선택의 길은 언제나 열려 있다. 언제나! 심지어 '선택하지 않겠다!'라는 것도 선택의 하나이다. 이런 사실을 인식하고 나날의 선택에 책임의식을 가지는 것이야말로, 삶의 여정에서 커다란 결실을 이루어내기 위한 가장 중요한 밑거름이다.

염소머리를 피하고 커다란 결실을 얻고 싶지 않은가?

그렇다면 발전적인 선택을 하라!

3.

핵심 질문!
해답은 질문 속에 있다

그렇다면 핵심 질문이란 무엇일까? 이제 개인적 책임의식을 실제 삶 속에 적용하고 현실로 만들기 위한 기법 핵심 질문에 대해 살펴보도록 하자.

무언가에 관해서 처음 반응을 보일 때, 사람들은 대체로 부정적이며 그릇된 질문, 즉 그릇된 질문에 기반을 둔 생각이 먼저 튀어나오게 마련이다. 핵심 질문은 그러한 경험에서 비롯된 기법이다. 따라서 결정을 내리기 전에 우리의 사고를 통제하고 최초에 가진 질문의 이면을 깊이 생각하여 발전적 질문, 즉 핵심 질문을 제기할 수 있다면, 오히려 올바른 질문 하나가 우리를 더 나은 결과로 이끌어줄 수도 있다.

핵심 질문의 중요한 원리 가운데 하나가 바로 해답은 질문 속에 있다는 사실이다. 다시 말해 발전적인 질문을 해야 그에 대한 해답도 발전적이라는 뜻이다. 따라서 핵심 질문이란 발전적인 질문을 제기하기 위한 질문 기법인 셈이다. 하지만 어떻게 해야 그릇된 질문으로부터 발전적 질문을 이끌어낼 수 있을까? 아니 그보다 발전적 질문이란 과연 어떤 것일까?

이 책은 당신이 발전적인 질문이 무엇인지 알고 적절한 질문을 제기할 수 있도록 도와줄 것이다. 그렇다면 먼저 이 개념에 익숙하지 않은 사람들을 위해 핵심 질문에 대한 세 가지 지침부터 간단히 살펴보기로 하자.

핵심 질문은,

1. '왜', '언제', '누가'가 아니라 '무엇' 또는 '어떻게'로 시작한다

  (우리말 어순에서는 문장 중간에 위치하는 경우가 많다 - 역주).

2. '그들', '우리', '당신'이 아니라 '나'를 포함한다.

3. 행동에 초점을 맞춘다.

‘무엇을 해야 내가 도움이 될 수 있을까?’

이와 같은 질문이 위의 세 가지 지침에 정확히 부합하는 예이다. 말 그대로 ‘무엇’으로 시작하고, ‘나’를 포함하며, 행동에 초점을 둔 질문이다. 그러나 모든 질문이 이렇게 단순한 것은 아니며, 마치 잘 다듬어 놓은 보석처럼 다면성을 지니고 있다. 이어지는 이야기들에서 이러한 핵심 질문의 다면성과 함께 핵심 질문이 우리의 삶에 미치는 영향력에 대해 살펴보기로 하자.

4.

제발,

왜냐고

묻지 말라

우리는 항상 이런 질문을 던지며 살아간다.

"왜 다른 사람들은 더 열심히 일하지 않을까?"

"이런 일은 왜 꼭 나에게만 일어나는 것일까?"

"저 사람들은 왜 내 일을 자꾸만 방해하는 것일까?"

다른 사람들에게 이런 질문을 던지는 순간, 우리는 마치 스스로가 희생양이 된 것처럼 무력감에 휩싸이게 된다. '왜 나인가?'라는 질문은 상대방에게 이런 메시지를 전달한다.

'나는 내 주위를 둘러싼 환경과 다른 사람들의 희생양이다.'

그다지 생산적인 발상은 아니지 않은가? 그러나 우리는 항상 이런 질문을 던지고 살아가고 있다. (주의 사항 : 문제해결 및 판매기술의 하나인 'Five Whys' 기법은 여기에 해당되지 않는다. 이 기법은 굉장히 유용하고 합리적인 방법이다. 반면 여기서 언급하는 것은, '왜'로 시작하며 '나를 동정해주시오'라는 의미를 담고 있어서 상대방이 나를 불쌍하게 여기도록 유도하는 질문이다.)

'왜'라는 함정에는 누구나 빠질 수 있다.

언젠가 내가 어느 부서의 책임자에게 부하직원이 몇 명이나 되냐고 물은 적이 있었다. 그때 그 책임자의 대답이 정말 걸작이었다.

"아마 전체의 절반 정도뿐일걸요!?"

물론 그는 그냥 우스갯소리로 한 얘기일 수도 있다.

하지만 분명한 것은 그가 부하직원 모두를 신뢰하지 못한다는 사실이다. 그리고 그는 아마 다음과 같은 그릇된 질문을 자주 사용하는 관리자일 것이다.

"왜 우리 팀에는 유능한 직원이 없는 걸까?"

"왜 요즘 젊은 직원들은 좀 더 일에 전념하지 않을까?"

"왜 경영진은 내게 더 많은 권한을 주지 않는 것일까?"

일종의 피해의식이라고 할 수도 있는 이런 생각은 이미 사회 전반에 널리 확산되어 있다.

한번은 50대 중반으로 보이는 중년 남자의 옆자리에 앉아서 장거리 비행기여행을 한 적이 있었다. 우리는 간단히 서로를 소개하고 행선지와 직업 등에 대해 가벼운 대화를 나누기 시작했다. 그는 아즈펜 인근에 별장을 가지고 있는데, 거기서 21일간 스키 휴가를 보내고 집으로 돌아가는 길이라고 했다. 나는 속으로 '대단하군!' 하고 생각했다. '3주씩이나 휴가를 보내다니. 돈을 엄청나게 많이 버는 모양이지!?' 그는 현재 뉴욕에 살면서 월스트리트에서 일한다고 했다. 이쯤 되면 그의 직업이 무엇인지 대충 짐작이 갈 것이다. 하지만 그 사람의 직업은 우리가 흔히 생각하는 증권 중개인이 아니라, 손해배상을 전담하는 사설 변호사였다. 이어서 그는 내 직업을 물었고, 곧바로 나는 짧게 한마디 했다.

"작가이자 직업강사입니다."

"아, 그래요?" 그가 다시 물었다.

"주로 어떤 내용을 강연하십니까?"

이번에는 뭐라고 대답해야 할지 잠시 생각이 필요했다. 하지만 굳이 숨길 이유도 없어서 이렇게 말했다.

"개인의 책임의식에 대해서요."

이렇게 말하면서, 나는 그가 자신의 직업과 관련하여 불쾌한 느낌을 가지지는 않을지 우려한 것도 사실이다. 잠시 침묵이 흘렀고, 우리는 잠시 서로를 빤히 쳐다봤다. 나는 그의 표정에서 약간 불편해하는 느낌을 읽을 수 있었다. 그래서 나는 내 직업을 조금 더 상세하게 덧붙였다.

"내가 하는 일은, 나를 포함한 모든 사람들의 삶에서 '피해의식'을 줄이도록 돕는 일입니다."

아마도 그는 내 말을 분명히 이해한 듯 했다. 내 말이 끝나자마자 다른 자리로 옮겨 그 이후로 나에게 한마디도 건네지 않았던 걸 보면….

사실 나는 그 사람이나 그 사람의 직업, 즉 변호사라는 직업에 대해 어떤 반감을 가지고 있었던 것은 결코 아니었다. 다만 이런 상황이

빚어진 것은, '왜 이런 일이 내게 일어나는 것일까?' 하고 생각하는 문화가 우리 사회에 팽배한 탓 아닐까? 사회적 질병에 대해 설레설레 머리를 가로젓기보다는, 이 사회가 나를 포함한 각각의 개인으로 구성되어 있다는 사실을 기억해야 한다. 따라서 세상의 모든 피해의식을 없애기 위해서는 먼저 우리 머릿속에 존재하는 피해의식부터 없애야만 한다.

핵심 질문의 첫 번째 지침은 바로 이것이다. 모든 핵심 질문은 '왜', '언제', '누가'가 아니라 '무엇' 또는 '어떻게'로 시작해야 한다. 두 페이지 앞에 나왔던 질문을 다음과 같이 바꾸어보면 어떨까?

"어떻게 하면 지금 내가 하고 있는 일을 더 잘할 수 있을까?"

"현재 상황을 개선하기 위해 내가 무엇을 할 수 있을까?"

"어떻게 하면 내가 다른 사람들을 도울 수 있을까?"

5

변명으로

날 새시렵니까?

어느 날 나는 한 중년 남자로부터 이메일 한 통을 받았다.

그는 지난 10년간 직업군인으로 재직했으며, 무언가 일이 잘못 되었을 때 결코 핑계를 대거나 변명해서는 안 된다는 소신을 가지고 살아온 사람이었다.

퇴역 후 민간인 신분으로 돌아온 그는 식품업계의 한 대기업에서 영업부의 지역 관리자로 일을 시작했다. 하지만 그의 행동은 회사의 기대를 충족시키지 못했을 뿐 아니라, 개인적으로 수립한 성과 목표와도 점점 거리가 멀어지고 있었다. 그리고 개인적 책임의식과 핵심 질문에 대한 교육 프로그램에 참여하기 전에는, 상사를 찾아가

이런 질문을 하곤 했었다.

"왜 제게 시간을 할애해주지 않는 겁니까?"

"왜 저는 가르쳐주지 않는 겁니까?"

"왜 우리의 경쟁력은 이것밖에 안 되는 겁니까?"

"왜 우리는 신상품이 없습니까?"

"왜 마케팅을 지원해주지 않는 겁니까?"

이메일의 마지막은 이러했다.

"핵심 질문에 대해 배운 뒤에야 저는 깨달았습니다. 군에서 기업으로 자리를 옮긴 몇 년 사이에, 저 자신이 바로 제가 가장 혐오하던 '희생양'이 되었다는 사실을 말입니다."

군대에서 10년 동안 '변명 없는 삶'을 꿋꿋이 고수해온 사람이 이럴 정도이니, 우리의 삶 또한 언제든지 이런 지경에 처할 수 있다는 점을 잊어서는 안 될 것이다.

6.

스트레스는
당신이
선택한 결과

스트레스는 선택의 문제다. 지금 당신 스스로 스트레스를 만들어내고 있는 것은 아닌가? 대부분의 사람들은 '스트레스가 쌓여서 괴롭다'고 이야기하며, 그때 스트레스를 만들어내는 원인이 다른 사람들이나 주변에서 벌어진 사건들이라고 불만을 토로한다. 예컨대 경영진이나 동료들, 고객, 상사, 교통, 날씨, 시장 상황 등에 전가하려는 것이다. 하지만 이런 생각은 옳지 않다.

물론 살다보면 원치 않는 사건이 발생할 수도 있다. 경제 불황, 사업 환경의 악화, 주식시장의 침체, 해고, 주위 사람들의 직무유기, 마감시한 초과, 프로젝트의 실패, 유능한 직원의 퇴사 등등…. 우리의 삶

스트레스는 선택의 문제다.

지금 당신 스스로 스트레스를 만들어내고 있는 것은 아닌가?

우리의 삶은 늘 이런 '원치 않는 일'들로 점철되어 있다. 그러나 분명 스트레스
는 선택의 문제다.

어떤 '사건'이 발생하건 간에 그 대응방식은 우리의 선택에 달려 있기 때문이다.

분노를 표현하거나 두려움을 드러낼 수도 있지만,

감정을 자제하여 침착하게 대응할 수도 있다.

같은 상황이라도 사람에 따라 대응하는 방식에는 큰 차이가 있다.

따라서 스트레스는 개인적인 선택의 문제이다.

은 늘 이런 '원치 않는 일'들로 점철되어 있다. 그러나 분명 스트레스는 선택의 문제다. 어떤 '사건'이 발생하건 간에 그 대응방식은 우리의 선택에 달려 있기 때문이다. 분노를 표현하거나 두려움을 드러낼 수도 있지만, 감정을 자제하여 침착하게 대응할 수도 있다(내 친구의 책상에는 이런 문구가 적혀 있다. '내가 생각하는 문제의 상당수는 현실로 나타난다!'). 같은 상황이라도 사람에 따라 대응하는 방식에는 큰 차이가 있다. 따라서 스트레스는 개인적인 선택의 문제이다. 그렇게 따지면 스트레스는 각자가 선택한 '결과'라고 할 수 있다. '왜 이런 일이 내게 일어나는 것일까?'라는 의문을 가진다는 것은 곧 자신에게 통제능력이 없음을 뜻하는 것이다. 이런 사고는 결국 피해의식으로 이어져, 스트레스가 더욱 가중된다. 뿐만 아니라 우리가 실제로 '희생양'이 되었거나 우리의 감정이 정당하다 하더라도, '왜 나인가?'라는 식의 사고는 스트레스를 더욱 심화시킬 뿐이다.

7

삶의 엔진이

갑자기

정지해버린다면?

스테이시가 12살일 때, 비행기 조종사인 스테이시의 아버지는 딸과 함께 일요일 오후를 즐기기 위해 엔진이 하나뿐인 세스나(Cessna, 미국제 경비행기 – 역주) 기를 타고 비행에 나선 적이 있었다. 그런데 이륙한 지 얼마 지나지 않아 비행기가 미시간 호 상공 약 1마일 지점을 날고 있을 때 갑자기 심각한 문제가 발생했다. 엔진이 갑자기 정지한 것이다.

그러자 아버지는 스테이시를 돌아보며 차분하고 단호한 어조로 이렇게 말했다.

"얘야, 엔진이 서버렸구나. 이제부터는 아까와는 다른 방식으

로 비행기를 조종할 거란다.”

여기서 밑줄을 그어야 할 구절은, ‘아까와는 다른 방식으로 비행기를 조종할 거란다’이다.

새로운 문제에 직면했거나 그에 맞게 상황을 변화시키기 위해서는 새로운 전략이 필요하다. 스테이시의 아버지는 그 사실을 잘 알고 있었다. 언제나 상황은 변하기 마련이다. 시장도 변하고, 사람들도 변한다. 특정 상황에서 효과를 발휘했다고 해서 반드시 다른 상황에서도 같은 효과를 얻을 수 있는 것은 아니다. 그러므로 갑자기 엔진이 멈추는 상황처럼 예기치 않은 일이 벌어지면 적절히 대응하기 위해 다양한 대응방법을 준비해두어야 한다.

다시 그 상황으로 돌아가보자. 엔진을 재가동시키기 위해서는 비행 속도를 높여야 했다. 그래서 아버지는 비행기를 아래로 곤두박질치게 하면서 조종석의 스위치를 눌러 시동을 다시 걸어야 한다고 딸에게 설명했다. 스테이시로부터 이 이야기를 듣던 나는, 어떻게 그 상황에서 그런 모험을 감행할 수 있었는지 의아해하지 않을 수 없었다. 설명대로라면 깊고 차가운 미시간 호수에 기체가 그대로 빠질지도 모르는 상황이 아닌가! 아버지의 말을 듣고 상황의 심각성

을 깨달은 스테이시는 고개를 끄덕이며 아버지의 계획에 동의하였다(내가 일하던 곳에서도 이와 유사한 상황에 직면했던 적이 있었는데, 당시 본사에서는 위원회의 결정을 수용하지 않았다).

스테이시의 아버지는 비행기를 급강하시키면서 스위치를 계속 눌렀지만 다시 시동이 걸리기는커녕 엔진에서는 아무런 반응도 나타나지 않았다. 그래서 비행기를 다시 수평으로 전환한 다음 딸에게 말했다.

"스테이시, 다시 한 번 시도할 테니 꼭 붙잡아라!"

비행기는 또 다시 급강하했다. 속도가 붙자 아버지는 다시 스위치를 눌렀고, 다행히 이번에는 시동이 걸려 엔진이 다시 움직이기 시작했다. 처음에는 덜거덕덜거덕 소리를 내며 불안한 기색을 보였지만 곧 정상적인 엔진 소리가 들렸다.

약 20분 후, 두 사람은 안전하게 지상에 착륙했다. 두려움을 모르는 용감한 사나이였던 스테이시의 아버지는 착륙하자마자 사랑스런 딸의 어깨를 껴안으며 안도했다. 그리고 이렇게 말했다.

"얘야, 무슨 일이 있어도 이 일을 엄마에게 말하면 안 돼!"

나는 이 이야기를 무척 좋아한다. 이 이야기에는 감동과 유머뿐만

새로운 문제에 직면했거나 그에 맞게 상황을 변화시키기 위해서는 새로운 전
략이 필요하다. 예기치 않은 상황에 적절히 대응하기 위해서는 다양한 대응방
법을 준비해두어야 한다.

변화를 거부하고 한숨과 불평에 사로잡혀 '난 한 번도 이런 식으로 해본 적이
없는데!' 혹은 '왜 이 모든 변화를 받아들여야 하는 거지?'와 같은 생각만 하고
있다면, 매우 비극적인 결과가 발생할 수도 있다.

지금 당신도 변화에 직면한 상태인지 모른다. 최근 삶에서 엔진이 갑자기 정지
해버린 일은 없었는가? 그렇다면 스스로에게 다음과 같은 발전적인 질문을 던
져보자.

'어떻게 하면 내가 변화하는 세상에 잘 '적응'할 수 있을까?'

아니라 변화에 대처하는 현명한 방법이 담겨 있기 때문이다. 새로운 변화, 혹은 문제 상황에 직면했을 때, 스테이시의 아버지는 행동을 통해 문제를 해결하였다. 만약 그가 변화를 거부하고 한숨과 불평에 사로잡혀 '난 한 번도 이런 식으로 해본 적이 없는데!' 혹은 '왜 이 모든 변화를 받아들여야 하는 거지?'와 같은 생각만 하고 있었더라면, 매우 비극적인 결과가 발생했을 수도 있다.

지금 당신도 변화에 직면한 상태인지 모른다. 최근 삶에서 엔진이 갑자기 정지해버린 일은 없었는가? 그렇다면 스스로에게 다음과 같은 발전적인 질문을 던져보자.

'어떻게 하면 내가 변화하는 세상에 잘 '적응'할 수 있을까?'

8

나를 이해시키기 전에,
그를 먼저 이해하라

수년간 내가 주관했던 많은 워크숍에서 나는 아래와 같은 장면을 쉽게 그리고 끊임없이 목격할 수 있었다.

"여러분이 몸담고 있는 조직이 최근에 직면한 가장 중대한 문제는 무엇입니까?"

이렇게 물었을 때, 대다수 사람들은 변화나 경쟁보다는 의사소통이 가장 큰 문제라고 이야기한다. 말하자면 이런 질문이다.

"왜 저 사람과는 효과적인 의사소통이 어려운 것일까?"

의사소통이란, 상대방에게 나를 이해시키는 것이 전부가 아니다. 그것 못지않게 중요한 것은 내가 상대방을 이해하는 것이다. 핵심 질문으로 표현하자면 이런 질문이 될 수 있겠다.

'어떻게 하면 내가 당신을 더 잘 이해할 수 있을까요?'

이해가 가십니까?

9.

"언제쯤이면 저 사람들이 스스로 문제를 해결할까?"

"언제쯤이면 고객은 나를 다시 찾을까?"

"언제쯤이면 의사결정에 필요한 정보를 얻을 수 있을까?"

'언제?'를 들먹이는 것은, 다음번 차례나 혹은 기회가 올 때까지 마냥 기다리거나 행동을 보류할 수밖에 없다는 의미한다. 따라서 '언제'로 시작하는 질문은 그 질문을 던진 당사자의 태만을 말해줄 뿐이다.

물론 사람들이 일부러 늑장을 부리는 것은 아니다. 아침에 눈뜨자

마자, '오늘은 하루 종일 빈둥거려야지!' 하고 다짐하는 사람은 없다(아무리 게으른 사람이라 하더라도 이 정도는 아닐 것이다. 어쩌면 그런 다짐조차도 귀찮아서 하지 않을 것이다). 태만이란 자기도 모르게 서서히 찾아온다. 그리고 무언가를 조금만 더, 조금만 더 하고 자꾸 미루다보면 그만큼 대응행동이 늦어져 결국 심각한 문제가 생기고 마는 것이다.

누구나 살다보면 게으름을 부릴 때가 있다. 그리고 대부분의 사람들은 그러한 태만을 자신의 단점이라고 거리낌 없이 이야기한다. 문제는 이것이 개인뿐 아니라 조직에도 해당된다는 것이다. 그렇다면 태만 때문에 빚어지는 문제는 어떤 것이 있을까? 무언가를 뒤로 미루는 것은 소중한 시간을 그만큼 허비한다는 뜻이다. 이렇게 되면 당연히 생산성은 떨어지고, 목표를 향한 성장도 덜미를 잡힌다. 그러다 보면 마감시한을 넘길 수밖에 없다.
어떤 고객은 나에게 이런 인상적인 말을 해준 적이 있었다.

　　"장기적인 비전과 전략 계획 역시 중요한 부분입니다. 그러나 우리에게는 점심시간 전에 완수해야 할 일도 있습니다!"

그뿐만 아니다. 태만은 스트레스를 만들어낸다. 일이 쌓여갈수록 일에 대한 부담감은 커지게 되고, 결국 그 부담감은 일의 즐거움을 갉아먹는다. 결론적으로 말하자면, 태만은 그 일과 관계된 모든 사람의 희생을 먹고산다.

그렇다면 왜 사람들이 게으름을 피우고 늑장을 부리는 것일까? 그 이유는 여러 가지가 있겠지만, 여기서는 이유보다는 해결책을 소개하는 편이 나을 것 같다. 태만을 극복하기 위한 한 가지 방법은, '언제?'라는 질문 대신 다음과 같은 발전적인 질문, 즉 핵심 질문을 던지는 것이다.

"내가 제시할 수 있는 해결책에는 어떤 것이 있는가?"
"어떻게 하면 더 창의적으로 고객에게 다가갈 수 있을까?"
"의사결정에 필요한 정보를 획득하기 위해 내가 무엇을 할 수 있는가?"

기억하자. 해답은 문제 속에 있다는 사실을.

10.

호미로
막을 수 있는 건
호미로

언젠가 내가 쓰던 크고 오래된 목제 책상을 친구에게 주기로 한 적
이 있었다. 그 책상 위에는 가로 1.2미터, 세로 1.5미터 크기에 두께
가 7밀리미터 정도 되는 커다란 유리가 한 장 덮여 있었는데, 책상
을 가져가기로 한 친구는 유리는 필요가 없다면서 책상만 가져갈
것이라고 했다.

다음날 아침 일찍 그 친구는 트럭을 몰고 우리 집에 찾아왔다. 우리
는 트럭에 책상을 실은 후 유리는 차고 앞에 있던 농구대에 잠시 기
대어두었다.

친구는 책상을 싣고 떠나면서 이렇게 소리쳤다.

“유리를 얼른 안전한 데로 옮겨야 할 거야.”

“응, 그렇게 할게!” 나도 소리 높여 대꾸했다.

하지만 난 그러지 않았다. 유리를 흘깃 쳐다보고는 ‘조금 있다가 치우지 뭐!’ 하고 생각하며 서둘러 정원과 차고를 정리했다. 그리고 매번 유리가 눈에 들어올 때마다 바람에 쓰러지기 전에 어서 치워야지 하고 생각만 할 뿐 실행으로 옮기지는 않았다. 나중에 해야지 하고 계속 미루기만 했던 것이다.

그날 저녁, 우리 가족은 외식을 하기로 했다. 차고에서 차를 가지고 나오는 길에 유리를 본 아내가 이렇게 말했다.

“저 유리를 안전한 곳으로 옮겨야 하지 않을까요?”

그때 내가 어떻게 대답했을지는 쉽게 짐작할 수 있을 것이다.

몇 시간 뒤, 해가 질 무렵 집에 도착한 우리는 차를 주차하고 집으로 들어가다가 가로등 아래 널려 있는 유리 조각들을 발견했다. 나는 아홉 살배기 아들 마이클에게 말했다.

“마이클, 아빠 대신 저기 가서 유리 조각과 남은 유리판을 주워 차고에 가져다놓으렴.”

마이클은 내가 시킨 대로 가로등 아래로 향했고 나와 아내는 집안으로 들어갔다.

몇 분이 흘렀을까. 와장창 하는 소리가 정적을 깨고 들려왔다. 지금껏 들어본 적도 없는 무시무시한 소리였다. 의심할 여지없이 커다란 판유리가 깨지는 소리였다.

순간 나는 무슨 일이 발생했는지 직감했다. 그리고 이유도 분명했다. 차고로 달려간 나는 차 옆에 쓰러져 있는 마이클을 발견했다. 배 위로 수많은 유리조각이 떨어져 있었고, 어떤 것은 어른 신발보다도 길었다. 나는 울고 있는 마이클을 현관 앞으로 재빨리 데리고 가서 상처가 어느 정도인지를 확인했다. 제발 최악의 상황만은 모면하길 바랐다. 그런데 그때 내가 본 장면은 믿을 수가 없을 정도였다. 천만다행으로 마이클은 긁힌 상처 하나도 없었던 것이다! 유리를 들고 가다가 땅바닥에 엎어졌는데도 마이클의 몸에는 상처 하나 없었다. 그때의 감사함은 정말 무어라 말로 표현할 수 없을 정도였다.

그렇다면 왜 이런 사고가 일어났을까?
태만, 바로 실패의 동반자인 태만 때문이었다. 나는 아침에 그 유리를 치워야했으며, 그것을 치우는 데는 불과 몇 분도 걸리지 않는다는 것을 잘 알고 있었다. 하지만 그 일을 미루고 미루다가 결국은 큰 화를 자초한 꼴이었다.

작은 문제가 있다면, 작은 상태일 때 빨리 해결하는 습관을 들여야 한다. 호미로 막을 수 있는 건 호미로 막는 게 훨씬 쉽고 효율적이니까.

왜 사고가 일어났을까?

태만, 바로 실패의 동반자인 태만 때문이다.

작은 문제가 있다면, 작은 상태일 때 빨리 해결하는 습관을 들여야 한다.

호미로 막을 수 있는 건 호미로 막는 게 훨씬 쉽고 효율적이니까.

11.

지금
가진 것으로
승부하라

흔히들 이렇게 말한다.

　"창의성이란 현실을 탈피한 사고에서 비롯된다."

물론 이 말도 많은 것을 시사한다. 하지만 내가 생각하는 진정한 창의성이란, '현실 속에서' 성공적인 결과를 얻는 것에서 나온다.

이미 주어진 것을 토대로 목표를 달성하고, 업무를 더 훌륭하게 수행하며, 차별화시키는 것이 바로 핵심 질문의 방식이다. 완벽한 시스템과 무한한 자원을 소유한 조직은 세상 어디에도 없다. 더 나은 도구, 더 나은 시스템, 더 많은 인력, 더 많은 예산을 바라는 것은 당연한 것이다. 하지만 지금 가지지 못한 것에 지나치게 집착하는 것은 태만의 또 다른 원인이 될 수도 있다. 예컨대 관리자는 '유능한 직원으로 팀을 구성할 때까지' 팀 구성을 미뤄서는 안 된다. 마찬가지로 모든 정보를 하나도 빠짐없이 확보할 때까지 의사결정을 연기할 수는 없으며, 모든 문제가 해결될 때까지 행동을 미룰 수도 없다.

여기서 한 가지 흥미로운 것은, 이미 주어진 것만으로 성공적인 결과를 이끌어내는 과정에서 처음에 바랐던 것들을 얻게 되는 경우도 많다는 사실이다. 보험회사인 스테이트 팜 인슈어런스의 데브 웨버 Deb Weber의 말을 곰곰이 생각해보자.

> "주어진 도구만으로 일을 하다보면 점점 더 많은 도구를 얻게 됩니다."

이것이 진리이다. 누구든 뿌린 만큼 거두기 마련이다.

현재 가지지 못한 것에 미련을 가지고 집착하는 것은 시간 낭비, 에너지 낭비일 뿐이다. 정말로 남다르고 탁월한 결과를 얻고 싶다면, 현실 속에서 성공적인 결과를 얻는 데 집중해야 한다. 아래의 핵심 질문이 정답이다.

> "이미 가지고 있는 자원으로 어떻게 하면 목표를 달성할 수 있을까?"

12.

그 다음은 뭐죠?

아무것도 없다구요?

영업직은 쉽지 않은 직종이긴 하지만, 그렇다고 아주 어렵기만 한 일도 아니다. 영업사원들이 영업의 기초를 충실히 이행한다면, 즉 아침 일찍 일어나 유망 고객을 만나서 자사 상품과 서비스에 대한 믿음을 그 고객과 공유하고 계약을 체결하는 과정을 충실하게 수행한다면 얼마든지 성공적인 결과를 얻을 수 있다.

그러나 수많은 영업사원들은 늘 내게 이런 질문을 던진다.

"'101가지 판매기술'을 다 읽었어요. 그 다음은 뭐죠?"

내 대답은? '아무것도 없다!'

문제는 새로운 아이디어가 부족한 게 아니라, '기존'의 아이디어가

"

여전히 효과적이란 사실을 이해하지 못하는 데 있다.

물론 촌각을 다투며 변화하는 기술 분야에서는 이런 논리가 타당치 않을 수도 있다. 그러나 우리의 삶과 조직의 근간을 이루는 원리를 생각한다면 '구관이 명관'이라는 논리의 타당성을 결코 부인하기 어렵다.

짧은 시간에 온갖 프로그램을 도입하고서도 결과적으로는 장기적인 문제를 하나도 해결하지 못했던 경우를 우리는 얼마나 많이 목격했던가? 우리에게 필요한 것은 핫 토픽hot topic이 아니다. 정말로 필요한 것은, 평소에 개인적인 책임의식과 같은 '기본'을 충실히 이행하는 것이다.

"언제쯤이면 무언가 새로운 소식을 들을 수 있을까?" 이런 질문은 옳지 않다.

"내가 이미 알고 있는 것을 어떻게 적용할까?" 하고 묻는 편이 훨씬 바람직하다.

문제는 새로운 아이디어가 부족한 게 아니다.
'기존'의 아이디어가 여전히 효과적이란 사실을 이해하지 못하는 데 있다.
우리에게 필요한 것은 핫 토픽hot topic이 아니다.
정말로 필요한 것은, 평소에 개인적인 책임의식과 같은 '기본'을 충실히 이행하는 것이다. "내가 이미 알고 있는 것을 어떻게 적용할까?" 하고 묻는 편이 훨씬 바람직하다.

"왜 우리 팀에는 유능한 직원이 없는 걸까?"

"왜 요즘 젊은 직원들은 좀 더 일에 전념하지 않을까?"

"왜 경영진은 내게 더 많은 권한을 주지 않는 것일까?"

"어떻게 하면 지금 내가 하고 있는 일을 더 잘할 수 있을까?"

"현재 상황을 개선하기 위해 내가 무엇을 할 수 있을까?"

"어떻게 하면 내가 다른 사람들을 도울 수 있을까?"

Part 2

나만이 나를 변화시킬 수 있다

13.

비난의 고리는
조직의 숨통을 죈다

"누가 실수를 했지?"

"마감시한을 넘긴 게 누구야?"

"도대체 누구 때문에 실패하게 된 거지?"

이렇게 '누가?'로 시작하는 질문은, 비난의 대상, 즉 희생양을 찾고 있다는 의미이다. 비난이란 지금까지 언급한 그 어떤 개념보다도 부작용이 크고 비생산적인 것이다. 옆의 그림을 살펴보자. 팔짱을 낀 채 손가락으로는 다른 사람들을 가리키고 있는 이 그림에 대해 나는 '기업의 문장紋章'이라는 이름을 붙였다. 이성적으로 볼 때 조

직의 정체성이 결여된 상태라면, 이 그림과 같은 현상을 매우 자주 볼 수 있을 것이다.

유타 주(州)에 위치한 스노우버드 스키장에서 솔트레이크시티 공항으로 향하면서 나는 운전사 양반과 이런 저런 대화를 나누었다. 그 운전사는 자기네 회사의 영업 관리자를 맹렬히 비난했다. 그의 말을 듣다가 내가 조심스럽게 비난이란 주제에 대해 이야기를 꺼내자, 그는 기다렸다는 듯이 회사 이야기를 서슴없이 털어놓았다.

"말도 마세요. 우리 회사에서는 비난이 판을 치고 있어요."

"그래요?" 나는 그의 말이 계속되길 은근히 바라며 대꾸했다.

"그렇다니까요. 접수원은 배차원을 비난하고, 배차원은 운전사를, 운전사는 영업사원을, 영업사원은 나를 비난하고…."

나는 운전사의 말을 중간에 끊고 물었다.

"그 회사에는 직원이 몇 명이나 되나요?"

"12명이요." 그가 말했다.

겨우 12명이라니! 비난은 조직의 규모와는 아무런 상관이 없다는 사실을 다시 한 번 확인할 수 있었다.

아주 작은 집단에서 거대 기업에 이르기까지 그리고 말단 신입사원에서 최고 경영진에 이르기까지, 비난은 전염병처럼 퍼져 있으며 비난 바이러스의 면역체를 가진 사람은 아무도 없는 듯하다. 최고 경영자는 부사장을 비난하고, 부사장은 중간 관리자를, 중간 관리자는 부하직원을, 부하직원은 고객을, 고객은 정부를, 정부는 국민을, 국민은 정치인을, 정치인은 학교를, 학교는 부모를, 부모는 10대를, 10대는 아빠를, 아빠는 엄마를, 엄마는 직장 상사를, 직장 상사는 부사장을, 부사장은 최고경영자를 비난하며 이 순환의 고리는 끝없이 이어진다. 이것이 바로 '비난의 고리'이다. 하지만 비난의 실체가 타당하지 않을 경우라면 이런 순환관계는 한마디로 웃음거리에 지나지 않을 것이다.

비난과 '누가?'로 시작하는 질문으로는 어떤 것도 해결할 수 없다. 오히려 두려움을 만들어내고, 창의성을 억누르며, 사람들 사이에 벽을 만들 뿐이다. 브레인스토밍brainstorming과 협력을 합치면 원하는 결과를 성취할 수 있지만, '블레임스토밍(blame-storming, 무분별한 비난 – 역주)'으로는 결코 바람직한 성과를 거둘 수 없다. 그리고 서로에 대한 비난에 치중하며 각 개인의 책임의식을 회피하는 한 목표에 다가가는 기회, 혹은 미래의 가능성을 거머쥘 어떠한 기회도 포착할 수 없다.

"이 문제를 해결하기 위해 오늘 나는 무엇을 해야 할까?"

"이 프로젝트를 추진하기 위해 내가 어떻게 도울 수 있을까?"

"상황을 '통제'하기 위해 내가 어떤 행동을 해야 할까?"

바로 앞 페이지, 시작부분에서 나열한 질문 대신에 위의 질문을 선택하자. 그리고 이 질문들을 통해 당신이 속한 조직이 가지고 있는 '비난의 고리'를 얼마나 빨리 끊어버릴 수 있는지 살펴보자.

'누가?'로 시작하는 질문은, 비난의 대상을 찾고 있는 것이다.
비난이란 가장 부작용이 크고 비생산적이며 조직의 규모와는 아무런 상관이 없다.
아주 작은 집단에서 거대 기업에 이르기까지 그리고 말단 신입사원에서 최고 경영진에 이르기까지, 비난은 전염병처럼 퍼져 있으며 비난 바이러스의 면역 체를 가진 사람은 아무도 없다.
비난과 '누가?'로 시작하는 질문으로는 어떤 것도 해결할 수 없다.
오히려 두려움을 만들어내고, 창의성을 억누르며,
사람들 사이에 벽을 만들 뿐이다.

14.

내 탓도,

당신 탓도,

그 누구의 탓도 아니다

이런 말을 들어본 적이 있는가?

　　'어리석은 항해사는 바람을 탓한다'

　　'어리석은 일꾼은 연장을 탓한다'

혹은 '어리석은 코치는 선수를 탓한다'와 같은 이야기 말이다. 그런 맥락에서 다음의 빈칸에 적합한 단어를 넣어보자.

어리석은 교사는 ＿＿＿＿＿＿＿＿＿＿을(를) 탓한다.

어리석은 영업사원은 ＿＿＿＿＿＿＿＿을(를) 탓한다.

어리석은 부모는 ＿＿＿＿＿＿＿＿＿＿을(를) 탓한다.

어리석은 관리자는 _________________ 을(를) 탓한다.

어리석은 직원은 _________________ 을(를) 탓한다.

어리석은 10대는 _________________ 을(를) 탓한다.

그렇다면 책임의식을 가진 사람은 누구를 탓할까?

아무도 탓하지 않는다. 게다가 스스로를 비난하는 일도 없다.

15.

지금은
우리끼리
싸울 때가 아니다

"농담하지 마세요!" 내가 말했다.

"이곳에는 '아군 대 적군'이 존재하지 않는다구요?"

내가 말하는 동안 생산 담당 부사장인 케빈은 자리에 앉아 미소를 지은 채 연신 고개를 가로저었다. '조직에서 사람들 사이에 알력이 없다니! 현장과 본사, 경영진과 직원들 사이의 괴리감도 존재하지 않고, 더군다나 '아군 대 적군'도 없다니!' 믿을 수 없었다. 그의 말이 사실이라면, 이런 문제를 가지지 않은 최초의 조직을 내가 만난 셈이었다.

"절대로 없어!" 능글맞은 웃음을 흘리며 그가 말했다.

"이곳에는 '아군 대 적군'이 없어. 다만 '그들 대 우리'가 있을 뿐이지."

사실 케빈이 하는 말의 반은 농담이었다. 말하자면 '이곳에도 '아군 대 적군'이 존재하며, 그렇지 않은 조직은 없다'는 뜻을 달리 표현한 것에 지나지 않았다.

언젠가 만났던 어느 경영자는 이런 사실을 더 직접적으로 표현했다.

"존, 우리가 지닌 모든 문제를 한 문장으로 짧게 표현하자면 이렇게 말할 수 있을 거야. '사일로(Silo, 조직 속의 폐쇄적 집단관계를 의미한다 – 역주) 출입구 봉쇄하기!' 말이야."

지금 당신이 속한 조직에도 회계나 영업, 제조, 마케팅, 연구개발 R&D, 운영, 행정, 본사 또는 현장이라는 이름의 다양한 사일로가 존재할 것이다. 그리고 서로가 나 몰라라 하는 바람에 각 집단 사이의 벽이 점점 더 높아져 극복하기 어려운 수준에 이르는 경우도 드물지 않다. 내가 아는 어느 기업의 지역 영업소에서는 본사를 '영업 방해 단체'라고 규정할 정도였다. 한번은 내가 주문한 상품이 약속시

간을 넘겼는데도 도착하지 않아 이 업체의 고객서비스 담당자를 찾았더니, 그녀는 이렇게 투덜거릴 뿐이었다.

"제기랄! 배송팀 때문에 또 우리만 골치 아프게 생겼군!"

우리라니! 그럼 그녀가 속한 고객서비스팀은 배송팀과는 다른 조직이란 말인가?

팀을 구성하기 위해 많은 시간과 자원을 투여하면서도 막상 중요한 사실을 잊어버릴 때가 있다. 우리 모두는 '같은 팀의 일원'이라는 사실 말이다. 비록 집단이나 부서, 지역, 개인에 따라 수행하는 역할에는 차이가 있지만, 모두가 같은 조직의 구성원이라는 사실에는 변함이 없다.

그럼에도 불구하고 '일을 제대로 하지 않는다며' 상대팀을 헐뜯고 비난하는 경우가 적지 않다.

이런 식으로 영역을 구분하여 다툼을 일삼는 것은 조직의 생명을 고갈시키는 행위에 불과할 뿐이다. 이는 두 사람이 2인용 자전거를 함께 타고 서로 반대 방향을 향해 페달을 밟는 것과 다름없다. 아무리 노력해봐야 앞으로 나아갈 수 없다.

우리를 넘어서기 위해 호시탐탐 기회를 노리는 경쟁자들이 도처에

깔려 있는 상황에서, 과연 우리들끼리 편을 갈라 싸움을 해야 할까? 이제는 '아군 대 적군' 개념을 버리고 각자의 사일로에서 나와야 한다. 그리고 모두가 같은 팀의 일원이라는 사실을 명심해야 한다.

팀을 구성하기 위해

많은 시간과 자원을 투여하면서도 막상 중요한 사실을 잊어버릴 때가 있다.
우리 모두는 '같은 팀의 일원'이라는 사실 말이다.
비록 집단이나 부서, 지역, 개인에 따라 수행하는 역할에는 차이가 있지만,
모두가 같은 조직의 구성원이라는 사실에는 변함이 없다.
그럼에도 불구하고 '일을 제대로 하지 않는다며' 상대팀을 헐뜯고 비난하는 경우가 적지 않다.
이런 식으로 영역을 구분하여 다툼을 일삼는 것은 조직의 생명을 고갈시키고 아무리 노력해도 앞으로 나아갈 수 없다.

16.

우선
심판을
이기는 법부터

나의 아버지는 코넬 대학에서 무려 25년간이나 레슬링 감독을 하셨다. 내가 어릴 적에 아버지는 나에게 레슬링을 가르쳐주시며, 내가 물리쳐야 할 사람이 세 사람이라고 늘 강조하셨다. 그 세 사람은 바로 싸워야 할 상대방과 나 자신 그리고 심판이었다.

상대방을 이겨야 한다는 것은 물론 당연한 말이다. 그리고 '나 자신'을 이긴다는 것 역시 모든 운동선수들이 그렇듯이 마음속에서 슬그머니 고개를 드는 두려움을 스스로 극복해야 한다는 의미이다. 그런데, 마지막 심판을 이겨야 한다는 것은 쉽게 이해할 수가 없었다. 심판을 이겨야 한다는 논리에 대해 아버지는 이렇게 설명해주셨다.

"우열을 가리기 힘든 경기에서 연장시간에 1점을 빼앗기거나 미심쩍은 판정이 내려졌다고 해서 심판을 노골적으로 비난해서는 안 된다. 승리하고 싶으면 먼저 심판을 이기는 법부터 배워야 한단다."

심판을 이기는 법!

아버지의 말뜻을 헤아려 보면, 영업사원의 입장에서 볼 때 상품이나 가격 또는 광고에 불만을 터뜨리기보다는 "내 노력이 부족했어!" 하고 말할 수 있는 성숙함을 의미한다. 그리고 "왜 다른 사람들은 주어진 역할을 다하지 않을까?" 하고 생각하던 팀원, "왜 우리 직원들의 사기는 저 모양일까?" 하고 불평하던 관리자, "일이 어떻게 진행되고 있는지 왜 우리에게 말해주지 않는 겁니까?" 하고 불만을 터뜨리던 직원들이 그와 같은 태도를 버리고 한층 더 성숙한 자세를 갖는 다는 것을 의미한다.

당신의 삶에서 '심판'은 누구인가? 당신의 성공을 가로막고 있는데도 당신이 통제할 수 없는 사람 또는 그런 상황은 어떠한가? 관리를 지나치게 강조하며 당신의 일을 어렵게 만드는 상사인가? 아니면 당신의 시간을 낭비하도록 만드는 비효율적인 조직 시스템인가? 그

싸워야 할 상대방과 자신 그리고 심판이다.

당신의 삶에서 '심판'은 누구인가?

당신의 성공을 가로막고 있는데도 당신이 통제할 수 없는 사람 또는 그런 상황에는 어떤 것이 있는가?

어떤 목표를 갖든 극복해야 할 장애물은 언제나 있게 마련이다. 당신의 힘으로는 도저히 통제할 수 없는 장애물일 수도 있다. 이럴 때는 장애물 자체에 집착하지 말자. 심판이 아무리 불리한 판정을 내리더라도 의연하게 성공을 향해 나아갈 수 있는 성숙함을 가지려고 노력해야 한다.

성공을 원한다면 당신의 통제범위 밖에 있는 무언가를 불평해서는 안 된다.

중요한 건, 심판을 이기는 법을 배우는 것이다.

것도 아니라면 당신의 에너지를 좀먹는 개인적 상황인가?

어떤 목표를 향하든 극복해야 할 장애물은 언제나 있게 마련이다.

그리고 때로는 우리의 앞을 가로막고 있는 것이 우리의 힘으로는
도저히 통제할 수 없는 장애물일 수도 있다.

이럴 때는 장애물 자체에 집착하지 말자.

심판이 아무리 불리한 판정을 내리더라도 의연하게 성공을 향해 나
아갈 수 있는 성숙함을 가지려고 노력해야 한다.

성공을 원한다면 당신의 통제범위 밖에 있는 무언가를 불평해서는
안 된다.

중요한 건, 심판을 이기는 법을 배우는 것이다.

17.

후텁지근한 어느 여름 날, 나는 휴스턴 공항에서 출장을 가기 위해 비행기에 탔다. 기내에 들어선 순간 눅눅하고 갑갑한 공기가 더운 열기와 함께 끔찍하게 느껴졌다.

기내는 그야말로 초만원이었고, 모든 사람들이 커다란 여행가방을 최소한 서너 개씩은 들고 탄 것처럼 발 디딜 틈 없이 복잡했다.

게다가 몇몇 사람들은 동일한 좌석을 이중으로 배정받는 바람에 우왕좌왕하며 짜증을 냈고, 승무원들은 그 소란과 무질서를 진정시키기는커녕 오히려 늑장을 부리며 일처리를 하고 있었다.

말할 것도 없이 사람들의 목소리는 점점 더 높아졌다.

결국 승객들이 모두 제자리에 앉고 비행기가 활주로에서 이륙하기까지 꼬박 한 시간이나 걸렸다. 그런데도 항공사 측에서는 해명이나 사과방송도 한번 없었다. 정말로 짜증나는 순간이 아닐 수 없었다. 하지만 어쨌든 비행기는 무사히 이륙을 했고, 그곳에서 나는 핵심 질문의 영웅을 만날 수 있었다.

보니타는 이 비행기의 승무원이었다.

처음 보니타를 보았을 때, 그녀는 헤드폰을 한 아름 안은 채 복도를 돌아다니며 승객들에게 그것을 나눠주고 있었다.

그녀의 얼굴에는 미소가 가득했고, 승객들에게 종종 재치 있는 농담을 건네기도 했다. 때는 마침 크리스마스를 일주일 앞둔 연말이었기 때문에 보니타는 빨간색 산타클로스 모자를 쓰고 있었는데, 복슬복슬한 하얀색 방울이 달린 모자 끝부분이 그녀의 한쪽 어깨 위로 드리워져 있었다.

보니타가 나눠주던 헤드폰은 추가 요금을 내야 하는 다른 항공사와는 달리 무료로 이용할 수 있는 것이었다.

그녀는 한 젊은이 앞에서 이렇게 말했다.

"저희가 준비한 스포츠 경기 프로그램이 무척 재미있을 거예

요, 손님. 자, 여기 헤드폰 받으세요.”

그리고 또 다른 어느 중년 여성 승객은 이렇게 말했다.

“혼자 여행하시나봐요, 어머니. 말동무 필요하지 않으세요?”

그녀가 내 자리 옆을 지나갈 때 나는 그녀에게 이렇게 말했다.

“당신은 정말 친절하군요!”

그러자 산타클로스 모자를 쓴 그녀가 활짝 웃으며 이렇게 말했다.

“고맙습니다, 손님. 하지만 너무 비행기 태우지는 마세요.”

하지만 결코 과찬이 아니었다. 그녀는 이미 충실한 삶을 영위하고 있었다. 그리고 누구나 삶에 충실하다면, 그녀처럼 주변 사람들 모두에게 만족을 줄 수 있다.

중요한 건 ‘우리 대 그들’이 아니다.

‘왜 이렇게 많은 승객을 태웠나?’ 또는 ‘문제의 원인이 누구에게 있는가?’ 하는 것이 아니라는 얘기다.

그런 질문보다는 차라리 ‘상황을 호전시키기 위해 지금 당장 내가 할 수 있는 것은 무엇인가?’를 생각하는 것이 훨씬 나은 선택이다.

보니타는 최악의 상황에서도 사소해 보이지만 현명한 선택을 함으

로써 나뿐만 아니라 기내에 있던 모든 승객들에게 차별화된 무언가
를 보여주었다.

개개인의 책임의식이 세상을 바꿀 수 있는 이유가 바로 여기에 있
다. 한 번에 한 가지씩 현명한 선택을 하면 되는 것이다.

18.

제가 대신
사과드리겠습니다!

크고 작은 조직 속에서 '주인의식'의 필요성을 강조하는 사례는 드
물지 않다. 한 가지 모범 사례를 소개한다.

어느 날 수화기에서 계속 잡음이 들려서 전화회사에 수리를 요청했
다. 수리기사가 우리 집을 방문해서는 여기저기 한참을 만지작거리
더니 수리가 다 끝났다며 돌아갔다. 하지만 어찌 된 일인지 다음 날
이 되자 또 잡음이 들렸다.

두 번째 기사가 다시 와서 처음보다 더 많은 시간을 들여 수리를 했
지만 결과는 마찬가지였다. 세 번째 기사가 방문했을 때, 나는 벌써
두 사람이나 다녀갔다는 이야기를 하고, 그의 입에서 무슨 말이 튀

어나올지 지켜보았다.

틀림없이 동료들을 험담하는 말이 나올 것이라고 예상했다.

하지만 내 예상은 보기 좋게 빗나갔다.

　　"밀러 씨, 정말 죄송합니다. 어떤 이유에서인지는 모르겠지만

　　제가 대신 사과드리겠습니다."

'문제를 '해결'하기 위해 머리와 손과 가슴을 모두 동원하여 전념하

면서도, 결코 책임을 남에게 '전가'하지 않는 것!' 이것이 바로 진정

한 주인의식이다.

당신은 무언가에 이처럼 전념해본 적이 있는가?

19.

팀원들의

재능과 장점을

감사하자

하늘 높이 날아오른 대머리 독수리가 이렇게 말한다.

　"나도 돌고래처럼 바다를 마음껏 헤엄칠 수 있다면 얼마나 좋을까?"

돌고래는 기린처럼 키가 컸으면 하고 바라고, 사자는 치타처럼 빨리 달릴 수 있으면 하고 바란다. 가능한 일일까? 알다시피 그것은 그저 어리석은 발상에 지나지 않는다.

당신의 팀에는 당신뿐만 아니라 다른 사람들도 있다.

'진정한 팀원이란 서로를 통해 나아갈 길을 찾고, 그 길에서 만족을

'진정한 팀원이란 서로를 통해 나아갈 길을 찾고,
그 길에서 만족을 누릴 수 있는 사람'이다.
팀원들이 가지고 있는 재능과 장점에 감사하자.
팀워크란 바로 여기서 비롯된다.

누릴 수 있는 사람'이다.

팀원들이 가지고 있는 재능과 장점에 감사하자.

팀워크란 바로 여기서 비롯된다.

20.

모든 핵심 질문은
'나'를 포함한다

나는 어느 기업의 사원연수에서 개인적 책임의식과 핵심 질문에 대한 강연을 했다. 강연이 끝나고 잠시 후, 그 기업의 최고경영자가 자리에서 벌떡 일어섰다. 앞에 앉아 있던 수백 명의 임직원에게 몇 마디 이야기를 하고서는, 준비해온 장치의 버튼을 누르자 연단 앞의 스크린에 이런 글귀가 나타났다.

"개인적 책임의식은 바로 '당신'으로부터 시작된다!"

물론 그가 무슨 말을 하려 했는지 모르는 바는 아니다. 하지만 이

글귀에는 엄청난 오류가 있다.

개인적 책임의식은 '당신'이 아니라 '나'로부터 시작하기 때문이다.

'개인적' 책임의식이라고 명명한 이유도 바로 이런 이유 때문이다.

기준을 설정하고 목표를 수립하며, 그 목표를 향한 책임의식을 가져야 하는 주체는 바로 우리들 자신이다.

마찬가지로 개인들이 집단을 이루어 목표를 달성하기 위해 협력하고, 일정 기간이 지난 뒤에 다시 모여 그 결과를 논의하는 것 또한 집단적 과정이 아니라 개인적 책임의식에서 비롯된다.

우리의 생각과 행동 그리고 우리가 만들어낸 결과에 책임의식을 가져야 하는 사람은 바로 '우리 자신'이다.

핵심 질문의 두 번째 지침, 즉 핵심 질문은 '그들', '우리', '당신'이 아니라 '나'를 포함하는 이유가 여기에 있다.

'나'를 주체로 하는 질문은, 타인이나 특정 상황이 아니라 '나'에게 집중함으로써 발전적인 결과를 유도한다.

사실 우리가 다른 사람들을 바꾼다는 것은 불가능하다. 그리고 상황이나 사건을 통제하기 어려울 때도 많다.

우리가 진정으로 통제할 수 있는 대상은 바로 우리 스스로의 사고

와 행동이다. 그러므로 우리의 효율을 높이는 동시에 행복과 성취
감을 고양시킬 수 있는 방향으로 노력과 에너지를 쏟아 부을 수 있
는 올바른 질문을 제기해야 한다는 것이다.

책임의식이 있는 집단의 위력은 실로 대단하다.

관리자나 경영자는 그저 기준을 설정하여 직원들에게 알리기만 하
면 된다.

개인적 책임의식으로 무장된 집단의 직원들이라면, 그 기준 속에서
자발적으로 핵심 질문, 즉 '무엇?'과 '어떻게?'로 시작하여 '나'를 포
함하는 질문이 쏟아져 나오기 때문이다.

21.

나만이
나를
변화시킬 수 있다

내가 변화시킬 수 있는 사람은 오직 나 자신뿐이다.

당신도 살아오면서 이런 사실을 경험으로 깨달았을 것이다.

이 책의 앞에 나온 이야기를 읽으면서 이런 생각을 했을지도 모르

겠다. '다른 사람들도 이런 사실을 알아야 하는데!'

이런 경우는 흔히 찾아볼 수 있다.

우리는 입으로는 "나만이 나를 변화시킬 수 있다."고 하면서, 막상

"핵심 질문을 배워야 할 사람은 누구라고 생각합니까?"라는 질문에

는 서슴없이 "그 사람들이요."라고 대답한다.

당신은 최근에 다른 누군가를 '교정'하려 한 적 없는가?

아마 대부분은 이런 경험이 있을 것이다. 그러면서도 자신이 다른 사람을 변화시키려 한다는 사실조차 인식하지 못하는 사람들도 많다. 어느 비영리단체의 한 책임자가 네 명의 팀원들과 토론하는 자리에서 이런 말을 했다.

> "내가 비서의 사고방식을 뜯어고치려는 게 아니에요. 절대로! 다만 그녀 스스로 좀 더 장기적인 목표를 수립해야 한다고 생각할 뿐이지."

이 말을 풀이하자면 실은 이런 뜻이다.

> "나는 그녀가 내가 원하는 사람으로 바뀌었으면 좋겠어!"

반면에 자신이 타인을 변화시키려 한다는 사실을 알면서도, 그 사실을 인정하지 않으려는 사람들도 있다.

한번은 어느 기업의 교육 책임자와 함께 핵심 질문 프로그램 강연일정에 대한 대화를 나누고 있었다. 대화를 나누던 중 그 책임자가 이렇게 말했다.

> "우리 부사장님이 이 프로그램을 요청한 이유가 뭔지 궁금하지 않으세요?"

“무엇 때문인가요?” 나는 책임자의 입에서 무슨 말이 나올지 궁금했다.

“부사장님은 에드를 다른 사람으로 만들고 싶어하세요.”

에드를 다른 사람으로 만들고 싶다?

에드는 역할을 제대로 수행하지 못하는 관리자였다. 그런데도 부사장은 상황을 올바르게 이끌어야 하는 자신의 책임은 회피한 채, 교육을 통해 모든 문제를 해결하려 했던 것이다.

‘에드를 다른 사람으로 만들고 싶다!’

이 말이 두고두고 잊혀지지 않았다.

다른 사람들을 변화시키는 것이 자신의 할 일이라고 생각하는 사람들이 여전히 많다. 20대 후반의 어느 젊은 관리자는 내게 이런 말을 했다.

“사람들을 변화시키는 것이 내 일이라고 생각합니다. 나는 관리자니까요!”

미안한 말이지만, 관리자는 타인을 변화시키는 사람이 아니다. 관리자의 역할은 사람들을 지도하고, 상담하고, 교육하고, 이끄는 것일 뿐 누구도 타인을 변화시킬 수는 없다. 변화란 개인의 결정에 따라

내부에서 형성되는 결과물이기 때문이다.

그리고 '나만이 나를 변화시킬 수 있다!'는 사실을 단순히 이해하는 것과, 이런 생각을 행동으로 옮기는 과정 사이에는 큰 차이가 따를 수도 있다.

나는 조직을 대상으로 강연을 할 때 자주 이런 질문을 던진다.

"조직의 효율을 높이기 위해 꼭 바꿔야 할 '한 가지'가 있다면 무엇일까요?"

그러면 듣는 사람들은 주로 'P'자로 시작하는 단어를 들먹인다. 상품Product, 승진Promotion, 정책Policy, 공정Process, 절차Procedure, 가격Price, 직원People 등. 심지어 이렇게 대답하는 사람도 있었다.

"휴게실 자판기의 펩시콜라Pepsi를 코카콜라로 바꿔야 합니다."

개선을 위해 무엇을 바꿔야 하느냐는 질문을 받은 사람들은 머릿속으로 별의별 생각이 다 떠오른다. 이때 나는 아무도 생각하지 못한 이야기를 꺼낸다.

"나 같으면 조직의 효율을 높이기 위해 나 스스로부터 바꾸겠습니다."

내 말을 농담으로 받아들이는 사람들도 있긴 하지만, 그것은 결코

관리자는 타인을 변화시키는 사람이 아니다.
관리자의 역할은 사람들을 지도하고, 상담하고, 교육하고, 이끄는 것일 뿐
누구도 타인을 변화시킬 수는 없다.
변화란 개인의 결정에 따라 내부에서 형성되는 결과물이기 때문이다.

"나 같으면 조직의 효율을 높이기 위해 나 스스로부터 바꾸겠습니다."

모든 사람들이 타인보다 스스로의 사고와 행동을 변화시키려 노력할 때
비로소 기대 이상의 성과를 만들어 낼 수 있는 것이다.

농담이 아니다. 우리의 생각과 의식은 어떤 문제에 직면했을 때, 늘 외부의 무언가에 초점을 맞추고 원인을 찾게 마련이다.

따라서 그 초점을 우리 스스로에게로 되돌리기 위해서는, '무엇?' 또는 '어떻게?'로 시작하며 '나'를 포함하는 질문을 던져야 한다.

모든 사람들이 타인보다 스스로의 사고와 행동을 변화시키려 노력할 때 비로소 기대 이상의 성과를 만들어 낼 수 있는 것이다.

그래야만 "나만이 나를 변화시킬 수 있다."라는 진리에 근거한 핵심 질문의 위력이 유감없이 드러나기 때문이다.

22.

졸업 기념반지와 앨범을 전문적으로 제작하는 한 업체에서 직원들을 대상으로 한 강연을 마치고 나올 때, 중간 관리자인 한 사람이 내게 다가오더니 이런 말을 했다.

"나를 변화시킬 수 있는 사람이 나뿐이라는 말에 무척 공감했어요."

그러더니 그녀가 실제로 직접 겪은 일을 이야기해주었다.

"어떤 지점에서 책임자로 있을 때, 제 부하직원 가운데 정말로 답이 없는 사람이 하나 있었습니다. 우리 둘 사이에는 문제도

굉장히 많았는데, 어느 날 그 친구가 마침 다른 지점으로 전근을 가게 되었어요. 그때 저는 마치 해방이라도 된 듯한 느낌이었지요."

그녀의 이야기는 계속되었다.

"그런데 몇 년이 지난 후에 우리는 다시 같은 사무실에서 일하게 되었습니다. 그때도 역시 저는 그의 상사였고 그는 제 부하직원이었죠. 하지만 이번에는 무언가 달랐습니다. 우리 두 사람은 앙숙으로 지내던 예전과는 달리 별 문제없이 잘 지냈고, 의사소통도 원활해졌어요. 당연히 업무협조도 잘 이루어졌지요. 그때 저는 스스로에게 이렇게 자문했습니다. '저 친구가 언제 저렇게 변했지?' 하구요. 하지만 변한 건 그 사람이 아니라 저라는 사실을 곧 깨닫게 되었습니다."

내가 물었다.

"어떻게 당신이 변할 수 있었죠?"

그때 그녀에게서 들은 말은 지금까지도 내 마음속 깊숙이 새겨져 있다.

"그 사람을 변화시키겠다는 생각을 접었어요."

23.

산 꼭대기에서 열린 고위 경영자 연수과정에 한 무리의 사장님들이 참여했다.

차트에 붉은 칠을 해가며 중대 사안에 대해 사흘간 열띤 토론을 벌인 후, 그들은 마침내 '조직의 사명과 비전, 가치'를 정립했다.

참가자들은 그 토론의 결과를 빳빳한 카드에 기록하고, 그 카드를 하나씩 나눠 가진 후 하산하기 시작했는데, 산을 내려오면서 사람들은 카드를 아무렇게나 깔고 앉거나 가방 속에 마구 구겨 넣어버렸다.

그리고 얼마 지나지 않아, 사람들은 목을 축이려고 산 중턱의 약수

터 앞에 몰려들었고, 물을 받아 마시려고 이 카드를 꺼내어 사용하는 것을 힐끗 쳐다보고는 그때 한 사람이 조용히 이렇게 중얼거렸다.

"다른 사람들이 이 카드의 내용을 실천하면 그때 나도 따라가야지!"

기억하자. 다른 사람의 부족한 자질은 금방 눈에 들어와도 자신이 단점은 잘 안 보이는 법이다.

- "나는 여러분 모두가 개인적 목표를 달성하도록 돕기 위해 이 자리에 서 있습니다."라고 말하고는 사람들이 보는 앞에서 특정인을 비난하는 관리자
- "여러분 모두에게 권한을 부여하겠습니다. 이것은 우리의 새로운 정책입니다!"라고 해놓고는, "하지만 무언가를 하기 전에 반드시 먼저 저와 상의해주시기 바랍니다."라고 말하는 경영자
- "동료들의 도움에 정말 감사해요…. 하지만 나를 조금만 더 생각해줬으면…."라고 말하는 팀원
- "직원은 우리에게 최고의 자산이다!"라고 로비에 대문짝만하게 써 붙여두고는 교육예산을 인색하게 책정하며 예산삭

감 때는 가장 먼저 손질하는 기업 등

어떤 역할이든 그 역할에 필요한 자질은 이렇게 정의할 수 있다.

"말과 행동에 일관성을 유지함으로써, 내 입에서 흘러나온 나
와 실제의 내가 일치하는 것!"

핵심 질문의 사고는 각자의 자질을 충분히 향상시켜준다. 왜냐하면
자질이란 타인이 아닌 나로부터, 그리고 "어떻게 하면 내가 신봉하
는 원칙을 실천할 수 있을까?"라는 질문에서 비롯되기 때문이다.

"언제쯤이면 사람들의 말과 행동이 일치할까?"라고 묻기 전에,
우리 스스로부터 그런 사람이 되기 위해 노력해야 한다.

24

열심히
불평한 당신,
싫으면 떠나라!

이번에는 모든 조직 구성원을 위한 자질 테스트 요령을 한 가지 소
개하겠다. 당신이 몸담고 있는 직장에 대해 어떻게 생각하는가?

근무 중에는 마치 그 직장이 무척 마음에 드는 것처럼 이야기하면
서, 퇴근 후에는 180도 돌변하여 온갖 비난을 성토하지는 않는가?

이런 사람들에게 해줄 말은 딱 한 가지뿐이다.

싫으면 떠나라!

너무 과격하게 들릴지도 모르지만, 우리가 인생의 목표를 달성하는
데 직장이 아무런 도움이 되지 않는다면 굳이 그곳에 머무를 이유

가 없다.

이 질문에 솔직하게 대답해보는 것도 개인적 책임의식을 실천하는

한 가지 방법이 될 수 있다.

그렇다면 책임의식을 가진 사람은 누구를 탓할까?

아무도 탓하지 않는다. 게다가 스스로를 비난하는 일도 없다.

어떤 목표를 향하든 극복해야 할 장애물은 언제나 있게 마련이다.

그리고 때로는 우리의 앞을 가로막고 있는 것이 우리의 힘으로는

도저히 통제할 수 없는 장애물일 수도 있다.

이럴 때는 장애물 자체에 집착하지 말자.

심판이 아무리 불리한 판정을 내리더라도 의연하게 성공을 향해 나

아갈 수 있는 성숙함을 가지려고 노력해야 한다.

성공을 원한다면 당신의 통제범위 밖에 있는 무언가를 불평해서는

안 된다.

중요한 건, 심판을 이기는 법을 배우는 것이다.

우리가 다른 사람들을 바꾼다는 것은 불가능하다. 그리고 상황이나 사건을 통제하기 어려울 때도 많다.

우리가 진정으로 통제할 수 있는 대상은 바로 우리 스스로의 사고와 행동이다.

Part 3

리더라고 생각하는 사람이 바로 리더다

25.

잘되면 내 덕,
못되면 팀 탓

“‘우리’가 무엇을 할 수 있는가?”

위의 질문은 핵심 질문에 대해 처음 배울 때 자연스럽게 갖게 되는
의문의 하나다. 하지만 문제는 ‘우리’가 변하지 않는다는 데 있다.
그리고 팀이나 부서, 조직 역시 변하지 않는다.

개인이 변화를 모색하는 길은, 스스로의 선택에 의해 한번에 한 가
지씩 바꾸는 것뿐이다.

개인적으로 나는 ‘팀의 가능성’을 신봉하는 사람이다. 그러나 신중
히 접근하지 않으면 팀(‘우리’)이란 용어를 개인적 책임의식과 혼동
할 수도 있다.

그래서 다음과 같은 '구실'을 내세워 '팀'이라는 방패 뒤로 숨어버리는 경우도 있다.

> "우리 팀은 마감시한 지키지 못했어."
>
> "우리 팀에 주어진 자원이 충분하지 않았어."
>
> "우리 팀은 일을 완수하지 못했어."
>
> "우리 팀에는 분명한 임무가 없었어."

개인적인 책임의식이 필요한 이유는, 타인을 변화시키기 위해서가 아니라 우리 스스로를 바꿈으로써 남다른 성과를 창출하기 위해서이다.

그리고 개인적 책임의식을 통해서만이 모두가 하나 된 힘을 발휘할 수 있다.

이런 기도문을 들어본 적이 있는가?

"하느님!
부디 제게 바꿀 수 없는 것을 받아들일 수 있는 평정과,
바꿀 수 있는 것을 과감히 바꿀 수 있는 용기와,
이 둘의 차이를 깨달을 수 있는 지혜를 주시옵소서!"

다시, 이런 기도문을 들어본 적이 있는가?

"하느님!
부디 제게 바꿀 수 없는 사람을 받아들일 수 있는 평정과,
바꿀 수 있는 오직 한 사람을 바꿀 수 있는 용기와,
이 둘의 차이를 깨달을 수 있는 지혜를 주시옵소서!"

26.

누군가
당신을
지켜보고 있다

인기 있는 영화배우나 가수, 스포츠 선수가 나타났을 때 사람들은 환호성을 지른다.

하지만 이들이 우리 아이들에게 부정적인 역할모델이 된다는 점을 생각해 본다면 환호성보다는 오히려 비난을 퍼부어야 마땅한 것 아닐까?

실제로 많은 이에게 알려진 사람들 가운데 아이들의 역할모델로 합당한 사람은 극히 드물다.

당신과 나, 우리가 이 역할을 수행해야 하는 이유가 바로 여기에 있다. 안타깝지만 분명한 사실이다.

그리고 명심해야 할 것이 또 하나가 있다.

우리의 역할이 무엇이든, 누군가는 우리의 행동을 관찰하고 흉내
낸다는 사실이다.

모범을 보이는 것이야말로 모든 교사들의 가장 중요한 역할이다.

당신을 지켜보는 사람은 누구인가?

27.

핵심 질문의

핵심은

바로 행동

어느 기업에서 핵심 질문 강의를 한 적이 있었다.

당시 그 회사는 큰 회사와 합병이 된 지 얼마 되지 않아 다소 불안정한 시기였다. 그 강연이 끝난 뒤 얼마 후에 그 회사의 한 중간 관리자가 나를 찾아와서는 이런 얘기를 했다.

아침에 개최된 강연회에 참석했던 그는, 뉴저지 주에 위치한 모기업 본사에서 자신들의 영업활동을 방해한다며 불만을 토로했었다.

하지만 1시간 정도 핵심 질문 강연을 듣고 나서는 생각을 바꾸었다는 것이었다.

그는 강연이 끝나자마자 곧바로 여행사에 연락하여 다음날 뉴저지

로 가는 동부행 비행기 표를 예약했다고 한다. 강연을 듣고 자신이 가진 문제를 어떻게 해결해야 할지 방법을 찾은 것이다.

이런 행동이야말로 개인적 책임의식을 '실천'으로 옮긴 좋은 사례라고 할 수 있다.

무엇보다 그가 혼자서 불평하던 것을 그만두고 발전적인 질문, 즉 "내가 무엇을 할 수 있을까?"를 제기했다는 점이 첫 번째로 눈여겨볼 대목이다.

그리고 그 질문에 대한 발전적인 해답, "당장 현장으로 가서 그 사람들과 얼굴을 마주보고 문제를 해결해야지."라는 생각이 들자마자 곧바로 행동으로 옮겼다.

간단한 사례지만, 이것은 핵심 질문의 궁극적인 목적이 실행에 있음을 보여주는 좋은 예이다.

그렇다면 핵심 질문의 세 번째 지침을 생각해보자.

'모든 핵심 질문의 초점은 행동에 있다.'

이처럼 핵심 질문은 행동을 지향하기 때문에 모든 질문은 '무엇을?What' 또는 '어떻게?How'로 시작하며, '나'를 포함하는 질문의 서

술어로써 '하다^{Do}', '만들다^{Make}', '성취하다^{Achieve}', '이루다^{Build}' 등의 용어를 사용한다.

이와 같은 세 가지 지침을 고려하여 다음과 같은 핵심 질문 초안이 만들어진다.

> "내가 무엇을 하는가?^{What I do}"
> "내가 어떻게 성취하는가?^{How I build}"

여기에 '할 수 있다^{Can}', 혹은 '할 것이다^{Will}'와 같은 적절한 조동사나, '지금^{Now}', '오늘^{Today}'과 같은 단어를 넣어 문장을 살리면 그야말로 매끄러운 핵심 질문이 만들어진다.

> "지금 당장 내가 할 수 있는 것은 무엇인가?
>
> What Can I Do Right Now?"

> "오늘 남다른 성과를 성취하기 위해서 나는 어떻게 해야 하는가?^{How Will I Make a Difference Today?}"

무엇을 할 수 있는지 또는 무엇을 성취하거나 이룰 수 있는지 스스로에게 끊임없이 질문하지 않으면 결과적으로 아무것도 얻을 수 없다.

매우 간단한 논리다.

행동이 뒤따를 때 비로소 무엇이든 이루어낼 수 있는 것 아닌가?

개인적 책임의식의 실천이란 이렇게 요약할 수 있다.

> '우리의 사고를 통제하고, 발전적인 질문을 제기하며, 행동을 취하는 과정'

28.

아무것도
하지 않는 것이
더욱 위험하다

어느 금융기관의 고위 간부가 내게 이런 말을 했다.

"위험부담이 있는 상품은 절대 싫다고 얘기하는 고객들이 종종 있습니다. 이때 저는 이런 말씀을 드립니다. '손님이나 저나 위험을 감수하는 편이 나을 겁니다. 이 건물에는 위험요소를 제거하기 위해 10명도 넘는 사람들이 컴퓨터 앞에 앉아 고생하고 있으니까요!'"

이 간부가 나에게 전하려던 메시지는 무엇이었을까?

어떤 직업이든 무조건적인 안정을 보장받은 자리는 어디에도 없다.

냉정하게 얘기해서 오늘 아무 행동도 하지 않는다면, 당장 내일 일

자리가 없어질지도 모른다.

무언가 행동을 취하는 것이 위험스러워 보일 수도 있지만, '아무것도' 하지 않는다면 더 큰 위험을 초래할 뿐이다!

- 행동이란 그것이 비록 실수로 이어질지라도, 그 과정 속에 반드시 배움과 성장의 기회가 있다. 반면 아무것도 하지 않는다면 정체와 위축만 있을 뿐이다.

- 행동은 우리에게 해결책을 제시한다. 반면 아무것도 하지 않는다면 잘해야 지금의 상황을 유지할 뿐이며 과거에 더욱 집착하게 된다.

- 행동에는 용기가 필요하다. 반면 아무것도 하지 않는다는 것은 두려움을 의미한다.

- 행동은 확신을 낳는다. 반면 아무것도 하지 않는다면 의심을 조장할 뿐이다.

한 친구는 내게 이런 말을 했다.

"알 때까지 무작정 기다리는 것보다는 알고 나서 기다리는 편
이 낫다."

무엇을 할지 결정하라. 그리고 행동으로 돌입하라.

무조건적인 안정을 보장받은 자리는 어디에도 없다.
냉정하게 얘기해서 오늘 아무 행동도 하지 않는다면,
내일 당장 일자리가 없어질지도 모른다.
무언가 행동을 취하는 것이 위험스러워 보일 수도 있지만,
'아무것도' 하지 않는다면 더 큰 위험을 초래할 뿐이다!
무엇을 할지 결정하라. 그리고
행동으로 돌입하라.

29

핵심 질문 서비스,
위험과 손해를
감수한 대가

주디는 건축 자재를 판매하는 대형 매장의 계산원으로 일하게 된 신참 직원이었다.

입사한 지 몇 주 지나지 않은 어느 날 아침, 한 젊은이가 그녀의 계산대로 허겁지겁 달려왔다. 허둥대는 모습이 무척 급한 모양이었다.

그 남자는 몇 가지 물건을 던지듯이 계산대에 내려놓고는 100달러 지폐를 불쑥 내밀었다.

하지만 물건값은 전부 다 합해봐야 2달러 89센트에 지나지 않았다.

"잔돈은 없으세요?" 주디가 물었다.

"죄송해요. 100달러짜리밖에….."

남자는 미안한 듯 말끝을 흐렸다.

이 순간, 주디는 선택을 해야 했다.

아직 개점한 지 얼마 안 되었기 때문에 계산대에 있는 돈이라고는 모두 합해야 40달러가 채 되지 않았다.

보통 이럴 때는 위층 사무실로 올라가 고액지폐를 잔돈으로 바꾼 뒤 손님에게 거스름돈을 돌려주곤 했다.

하지만 그렇게 하면 시간이 많이 걸렸기 때문에, 무척 다급해 보이는 그 남자손님뿐만 아니라 뒤에서 기다리는 손님들도 굉장히 많이 기다려야 할 것 같았다.

그래서 주디는 다른 방법을 택했다. 그녀는 100달러짜리 지폐를 손님에게 되돌려 준 뒤 자기 지갑에서 2달러 89센트를 꺼내어 금전출납기에 집어넣고 영수증을 찍었다. 그리고 영수증을 남자에게 건네며 웃는 얼굴로 이렇게 말했다.

"저희 매장을 이용해주셔서 감사합니다!"

영문도 모른 채 우두커니 서서 그녀의 행동을 지켜보던 그는 잠시 후에야 그녀가 그렇게 한 이유를 깨달은 듯했다.

어리둥절했지만, 일단 급한 마음에 고맙다는 인사만 몇 차례 한 후 서둘러 매장을 빠져나갔다. 주디는 이것으로 모든 상황이 해결되었다고 생각했다.

이틀 뒤, 주디의 상사가 의아하다는 표정으로 그녀에게 다가와서 봉투 하나를 내밀면서 물었다.

"주디! 도대체 무슨 일이 있었던 거죠? 며칠 전에 우리 고객의 물건값을 대신 내준 게 사실이에요?"

"아…. 예, 그런 적이 있었어요." 잠시 생각하던 그녀가 이틀 전의 일을 떠올리고는 이렇게 대답했다.

"그 사람이 팁을 보내왔어요. 이거 난감한데? 우리 회사 직원은 팁을 받을 수 없다는 사실을 알고 있죠?"

"팁은 바라지도 않아요." 주디는 이렇게 대답해놓고 느닷없이 물었다.

"근데 얼마죠?"

"50달러짜리 수표를 보내왔군요."

"어머나! 그러면 제가 서명을 해서 피자 사는 돈에 보태면 어떨까요? 그렇게 하면 모두가 그 팁을 나눠 쓸 수 있잖아요?"

"좋아요. 그렇게 하죠." 상사는 흔쾌히 허락했다.

이렇게 해서 그 팁은 직원들이 함께 먹을 피자를 사는 데 보태졌고,
이것으로 모든 일은 끝난 것 같았다.

그런데 다음 날, 그 남자손님이 다시 그녀의 계산대로 왔다.

이번에는 아버지와 함께였다. 그의 아버지는 유명 건축회사인 존슨
컨스트럭션 컴퍼니의 소유주 밥 존슨 경卿이었다.

밥 존슨은 주디에게 이렇게 물었다.

　"건물을 짓기 위해 필요한 게 뭐죠?"

보통 사람이라면, "자재지요."라고 대답했을 것이다. 그러나 주디의
대답은 달랐다.

　"저희 회사에서 판매하는 자재지요."

그러자 존슨이 주디에게 말했다.

　"이걸 말씀드리고 싶네요. 며칠 전에 제 아들에게 호의를 베푼

　것으로 알고 있습니다. 그래서 우리 회사에서는 앞으로 작업에

　필요한 모든 자재를 이곳에서 구입하기로 결정했습니다."

그리 놀랄만한 일도 아니다. 주디가 기꺼이 위험을 감수했던 것 덕
분에 이처럼 엄청난 결과를 가져온 것이다.

다시 한 번 테이프를 앞으로 돌려보자. 이틀 전에 주디는 난처한 상

황에 직면했었다.

시간에 쫓기는 한 젊은이가 고액지폐를 꺼냈고, 그 뒤로는 여러 사람이 줄을 서서 기다리고 있었다.

이 상황에서 다른 때처럼 일을 처리했다면 아마 뒤에 줄서 있던 많은 사람들이 한참 동안 기다려야 했을 것이다.

그러나 주디는 "왜 하필 이런 일이 내게 일어난 것일까?"라고 짜증을 내거나, 기계적으로 "죄송합니다. 이것이 우리 정책입니다."라고 말하며 손님들을 기다리게 하지 않았다.

대신 침착하고 현명하게 처신함으로써 모든 고객들에게 훌륭한 서비스를 제공했던 것이다. 이것이 바로 핵심 질문 서비스이다.

하지만 이 스토리는 여기서 끝나지 않는다.

밥 존슨의 말이 끝나자마자, 그의 아들이 계산대에 기대며 주디에게 이렇게 속삭였다.

> "주디! 난 이제야 알았어요."

> "뭘 알았단 말씀인가요?" 그녀도 속삭이듯 물었다.

> "당신이 내 물건을 대신 사준 바로 그날…. 당신에게 내 마음을 송두리째 뺏겨버렸다는 사실을 말이에요!"

30.

생각하는 사람이
바로 리더다

당신은 리더인가? 많은 사람들이 이런 의문을 제기한다. '내가 리더일까 아니면 내 상사가 리더일까? 그것도 아니면 우리 회사 사장일까, 우리 부서의 부장일까?'

또 이렇게 생각하는 사람도 있다. "'팀장'이란 직함을 가진 사람이 리더겠지.'

한번은 자신이 정말 리더라고 강력하게 주장하는 사람과 만난 적이 있었다. 그날 나는 강연 도중에 청중을 향해 이렇게 물었다.

"여러분은 리더인가요?"

그러자 뒷줄에 앉아 있던 사람이 벌떡 일어서더니 이렇게 말했다.

"제가 리더입니다. 분명히, 전 리더예요."

"선생님 성함이 어떻게 되시죠?" 내가 물었다.

"제 이름은 짐 리더^{Jim Leader}입니다."

실제로 있었던 일이다. 짐 리더! 나는 그 사람의 본명이 맞는지 확인하기 위해 신분증까지 확인했다. 그는 나이 31세, 정확한 본명은 제임스 D. 리더^{James D. Leader}였다.

이 썰렁한 얘기가 의미하는 건 무엇일까? 짐 리더는 불과 31세라는 젊은 나이에도 불구하고 자신이 리더^{leader}라는 사실을 그리고 이름 또한 리더^{Leader}라는 사실을 분명하게 말할 수 있었다는 점이다.

하지만 스스로를 리더라고 자신 있게 말할 수 있는 사람은 그리 많지 않다. 그리고 리더란 직함이나 지위, 자신이 관리하는 사람이나 운용할 수 있는 자금의 규모 또는 회사에 몸담은 재직기간에 달려 있다고 생각하는 사람도 적지 않다.

여기서 특히 재직기간에 대한 인식은 사람에 따라 크게 다르다.

어떤 사람들은 한 직장에서 오랫동안 근무한 것을 자랑스럽게 이야기한다.

"나는 이곳에서 무려 10년 넘게 근무했지!"

하지만 그 얘기를 듣고 옆에 있는 동료는 이렇게 말할 수도 있다.

　"그래요. 그게 바로 당신의 문제라니까요!"

한 회사에 오랫동안 충성했다는 것은 분명 칭찬받을 만한 일이다. 그러나 단지 오래 근무했다는 이유만으로 그가 저절로 유능한 리더가 되는 것은 아니며, 관리자나 부사장의 직함을 달 수 있는 것은 더더욱 아니다. 뿐만 아니라 당신이가 사들인 고급 승용차나 멋진 주택 등이 리더십의 잣대가 될 수도 없다.

리더십이란 다른 어떤 것보다도 우리의 사고방식에 의해 좌우된다. 그리고 우리의 역할이나 '지위'와 상관없이 개인적 책임의식을 실천하고 긍정적인 기여방안을 선택하는 데서 비롯된다.

따라서 서비스 직원이나 엔지니어, 영업사원, 일용직 노동자, 계산대 직원 등 모든 사람들이 리더가 될 수 있다.

바로 앞에서 이야기한 주디의 예도 마찬가지였다.

부모들은 어떠냐고? 다 마찬가지이다.

자녀교육은 리더십을 발휘해야 하는 가장 중요한 분야 중 하나이기 때문이다. 그리고 당신이 소년 야구단의 코치이든 자원봉사자이든, 직장에서 혹은 친구들 모임에서 어떤 식으로든 주변 사람들에게 영

향을 미치는 존재라면 당신은 리더가 될 수 있다.

리더처럼 생각하는 그 사람이 바로 리더이기 때문이다.

나는 이렇게 묻고 싶다.

　　"당신은 리더인가?"

그 답은 당신만이 알고 있을 것이다.

31.

리더는
머슴이다

이 책의 시작을 열었던 레스토랑 종업원 제이콥 밀러 이야기를 다시 해보자.

제이콥은 손님인 내게 메뉴에도 없는 다이어트 콜라를 제공하기 위해 자신의 상사를 심부름 보냈던 핵심 질문 영웅이다.

물론 이 이야기에서는 제이콥만이 아니라 그의 상사도 영웅이라고 할 수 있다. 그래서 제이콥의 상사였던 매니저에게도 찬사를 보내야 마땅하다.

한 번 더 당시의 상황을 돌이켜보자.

제이콥은 상사를 찾아가 이렇게 말했을 것이다.

“저 손님에게 드릴 다이어트 콜라 하나만 사다주시겠어요?”

그때 상사인 매니저는 “그러지!” 하고 대답했을 것이다.

하지만 어쩌면 속으로는 이런 생각을 했을 지도 모른다.

'잠깐만, 제이크. 누가 상사고 누가 부하직원이지?'

'글쎄, 별로 그러고 싶지 않은데. 자네도 최근엔 날 위해 뭔가 해준 게 없잖아?'

'자네 지난번에 사고 쳤던 것 생각 안 나?'

'내가 이 일을 해주면 자넨 내게 무엇을 해주겠나?'

아니면 이런 생각을 했을 수도 있다.

'자네 성과 점검표를 살펴보고 목표를 달성했으면 도와주기로 하지.'

이런 질문을 하는 상사도 있을 수 있겠지만, 제이콥의 상사는 그런 질문을 하지 않았다.

오히려 그녀는 종업원을 마치 손님처럼 대우했다.

그리고 '아니꼬우면 성공해. 그러면 도와줄 테니까!'라는 식이 아니라, '성공할 수 있도록 내가 도와주지!'라는 식으로 아랫사람을 대

한 것이다.

진정한 리더는 자신이 상사라는 것을 내세운다거나, 쓸데없는 권위를 앞세워 직원들을 구속하지 않는다.

그보다는 직원들 각자가 개인적 목표를 달성할 수 있도록 적극적으로 돕는다.

'서번트 리더십(Servant Leadership, '봉사'의 의미를 강조하는 리더십 – 역주)'이야말로 핵심 질문의 방식이다.

'봉사자servant'의 마음과 겸손함을 겸비할 때 비로소 진정한 리더십을 발휘할 수 있는 것이다.

겸손은 리더십의 초석이다!

32.

리더는
문제를 해결하는 사람이 아니라
부여하는 사람

한번은 덴버의 어느 호텔에서 강연을 마치고, 그 자리에 참석했던 한 여성과 함께 엘리베이터를 탄 적이 있었다.

그녀는 강의 중에 정리한 노트를 펼쳐보며 골똘히 생각에 잠겨 있었다. 이윽고 엘리베이터가 1층 로비에 다다를 무렵 그녀는 나를 바라보더니 이렇게 말했다.

"선생님의 말씀대로라면, 이제부터는 다른 사람들의 일까지 모두 대신 해줘야 한다는 뜻인가요?"

"아…. 아뇨, 제 말을 잘못 이해하셨군요."

이렇게 말하고 나는 속으로 생각했다.

'내가 강의 내용을 제대로 전달하지 못한 모양이군!'

여기서 다시 한 번 강조한다.

은 다른 사람들을 무조건 감싼다거나, 그들의 의무나 책임을 대신해주는 것, 혹은 모든 일을 '나 혼자서' 해결하라는 것이 아니다. 이런 행동은 타인에 대한 봉사가 아니라 오히려 해악을 끼치는 결과를 가져온다.

관리자가 개입하여 계약을 성사시킨다거나, 프로젝트 책임자가 실패의 책임을 모두 떠안는다거나, 부모가 자녀의 방을 대신 청소해주는 것은 당사자들에게 아무런 교훈이나 배움의 기회를 줄 수 없다. 나의 은사님인 W. 스티븐 브라운 W. Steven Brown 은 늘 내게 이렇게 말씀하셨다.

  "리더는 문제를 해결하는 사람이 아니라 문제를 부여하는 사람이다."

진정한 리더는 팀원들로 하여금 직접 문제를 받아들이고, 나름대로의 해결책을 모색하며, 행동을 취하도록 유도한다.

문제를 해결해주는 식으로는 어떠한 교훈도, 배움도, 봉사도 있을 수 없다.

33.

세상의
모든
그릇된 질문들

칼슨 마케팅 그룹의 회장 짐 라이언Jim Ryan은 자신의 책상 뒤에 점잖게 앉아 있었다. 하지만 그의 머릿속에는 초시계가 째깍째깍 돌아가며 방문자에게 할애된 30분의 시간이 조금씩 흘러가고 있다는 사실을 알려주고 있었다.

방문자는 사무실을 들어서며 약간 긴장한 것처럼 보였지만, 일단 간단히 자신을 소개하고 짐 라이언 앞에 앉았다.

사실 그 방문자는 라이언보다 나이도 어리고 특별히 내세울만한 직함도 없는 사람이었다. 하지만 그는 라이언의 관심을 끌어 미래의 고객으로 만들겠다는 희망을 가지고 라이언에게 이렇게 물었다.

"혹시 이런 질문을 들어보신 적이 있습니까?"

그리고는 그 자신이 '그릇된 질문'이라고 명명한 그릇된 질문 몇 가지를 소개했다.

순간 실내는 침묵에 휩싸였다. 갑자기 무겁고 불길한 기운이 방안에 가득 찼고, 방문자는 서서히 땀을 흘리기 시작했다. 영원히 계속될 것 같았던 무거운 침묵이 흐른 뒤, 라이언은 미소 띤 얼굴로 이렇게 말했다.

"굉장하군요. 엉터리 질문이 이렇게 많다니!"

그랬다. 그가 이야기한 그릇된 질문, 즉 그릇된 질문은 분명 라이언 회장의 관심을 사로잡기에 충분했다.

그릇된 질문이 그의 관심을 끌 수 있었던 가장 큰 이유는, 그 역시 대다수의 다른 사람들처럼 이런 질문을 수없이 많이 들어왔기 때문이다. 그 순간, 손님용 좌석에 앉아 있던 방문자, 즉 내 얼굴에도 미소가 피어올랐다.

라이언 회장과의 바람직한 관계가 시작되었다는 확신이 들었기 때문이다.

그렇다면 이제 그릇된 질문, 그릇된 질문에는 어떤 것들이 있는지 살

펴보자.

우리는 모두 살면서 다양한 상황에서 다양한 역할을 수행한다. 뿐만 아니라, 그 각각의 역할에는 또 각각의 문제와 어려움이 따라오게 마련이다. 아래에 소개하는 그릇된 질문과 핵심 질문의 유형을 살펴보자. 그리고 이제까지 살면서 우리가 제기했던 그릇된 질문에는 어떤 것이 있었는지, 동일한 상황에서 그릇된 질문을 대체할 수 있는 핵심 질문에는 또 어떤 것이 있는지 생각해보자.

고객서비스팀

그릇된 질문

- 언제쯤이면 배송팀에서 정시에 주문을 처리할 수 있을까?

- 왜 우리 고객들은 그토록 많은 것을 기대할까?

- 언제쯤이면 현장 직원들이 일을 한 번에 제대로 할 수 있을까?

- 왜 고객들은 지시한 대로 따르지 않는 것일까?

핵심 질문

- 어떻게 하면 내가 도움이 될 수 있을까?

그릇된 질문

- 왜 우리 상품은 이렇게 비싼 거야?

- 언제쯤이면 우리 회사의 경쟁력이 더 높아질까?

- 왜 고객은 나를 다시 찾지 않는 걸까?

- 왜 마케팅팀에서 만든 팸플릿은 늘 이 모양이지?

- 왜 생산팀에서는 물건을 이렇게밖에 못 만들까?

핵심 질문

- 효율을 높이기 위해 오늘 내가 무엇을 할 수 있을까?

- 어떻게 하면 고객을 위해 더 나은 가치를 창출할 수 있을까?

생산팀

그릇된 질문

- 왜 영업사원들은 우리에게 요구하는 게 그렇게 많을까?

- 언제쯤이면 그 사람들이 영업을 제대로 배우게 될까?

핵심 질문

- 어떻게 하면 내가 영업 현장의 상황을 더 잘 이해할 수 있을까?

그릇된 질문

- 왜 젊은 직원들은 일하길 싫어할까?

- 언제쯤이면 유능한 인재를 찾을 수 있을까?

- 직원들의 사기가 왜 저 모양일까?

- 실수한 사람이 누구지?

- 왜 다들 제 시간에 출근하지 않을까?

핵심 질문

- 어떻게 하면 내가 더 나은 관리자가 될 수 있을까?

- 팀원 개개인을 충분히 이해하기 위해 내가 할 수 있는 일은 무엇
  일까?

경영진

그릇된 질문

- 실패의 원인이 누구에게 있지?

- 언제쯤이면 직원들이 비전을 이해할 수 있을까?

- 나만큼 직원들을 잘 챙기는 사람이 어디 있어?

- 언제쯤이면 시장 상황이 나아질까?

-어떻게 하면 보다 더 훌륭한 리더가 될 수 있을까?

-직원들을 위한 배려를 표현하기 위해 나는 무엇을 해야 할까?

-어떻게 하면 회사 내의 의사소통을 좀 더 명확하고 효율적으로

할 수 있을까?

그릇된 질문

- 왜 이 모든 변화를 받아들여야 하지?

- 가만히 있어도 누군가 나를 교육시켜 주겠지?

- 왜 내 월급은 이것밖에 안 될까?

- 내가 할 일을 확실하게 규정해 줄 사람은 없을까?

- 언제쯤이면 관리자들이 서로 협력해서 일을 하게 될까?

- 도대체 나에게 언제 가르쳐줄 거지?

- 왜 우리에게 비전을 제시해 주는 사람은 없지?

핵심 질문

- 생산성을 높이기 위해 나는 무엇을 해야 할까?

- 어떻게 하면 변화하는 환경에 금방 적응할 수 있을까?

- 스스로를 발전시키기 위해 무엇을 해야 할까?

그릇된 질문

- 언제쯤이면 영업사원들이 우리 일에 협조할까?

- 왜 현장 직원들은 신상품에 대해 배우려고 하지 않을까?

－어떻게 하면 영업사원들의 고충을 이해할 수 있을까?

－어떻게 하면 고객의 욕구에 대해 더 잘 알 수 있을까?

이번에는 밖으로 눈을 돌려보자.

그릇된 질문

- 언제쯤이면 우리 아이들이 내 말을 잘 듣게 될까?

- 왜 아내는 아이들에게 늘 끌려 다닐까?

- 언제쯤이면 우리 남편이 아이들에게 마음을 열 수 있을까?

- 여길 엉망으로 만든 녀석이 도대체 누구야?

- 왜 너는 동생을 미워하는 거니?

핵심 질문

- 어떻게 하면 아내를 더 잘 이해할 수 있을까?

- 어떻게 하면 부모로서의 자질을 더 높일 수 있을까?

- 어떻게 하면 아내가 이처럼 힘든 시기를 무난히 넘기도록 도울

  수 있을까?

그릇된 질문

- 언제쯤이면 우리 부모님이 이걸 이해해주실까?

- 왜 부모님은 내 친구들을 싫어하실까?

- 왜 우리 선생님은 실력도 시원찮고 우리에게 늘 불공평할까?

핵심 질문

- 어떻게 하면 부모님에게 사랑하는 마음과 존경심을 표현할 수 있을까?

- 어떻게 하면 부모님과 속 깊은 대화를 나눌 수 있을까?

- 어떻게 하면 내 공부습관을 발전시킬 수 있을까?

그릇된 질문

- 왜 저 사람은 늘 지난 일에 얽매여 있을까?

- 언제쯤이면 그녀가 나를 고맙게 생각할까?

- 당신 운동 좀 해야 하지 않아?

핵심 질문

- 스스로를 발전시키기 위해 오늘은 무엇을 해야 할까?

- 그녀를 위해 내가 해줄 수 있는 일은 무엇일까?

이웃

그릇된 질문

- 왜 저 사람들은 나에게 이렇게 불친절할까?

핵심 질문

- 어떻게 하면 내가 더 좋은 이웃이 될 수 있을까?

그릇된 질문

- 왜 나 혼자서 이 많은 일을 다 해야 해?

핵심 질문

- 어떻게 하면 맡은 일을 더욱 즐겁고 효율적으로 할 수 있을까?

그릇된 질문과 핵심 질문 중 어느 쪽을 선택할 것인가? 선택은 오직 당신에게 달려 있다. 모쪼록 현명하게 판단하길 빈다. 어떤 생각을 가지느냐에 따라 당신의 선택이 이 세상을 바꿀 수도 있다.

34

핵심 질문 정신은
바로
개인의 책임의식

누구나 알고 있듯이 '법의 형식'과 '법의 정신' 사이에는 분명한 차이가 있다. '법의 형식the letter of the law'이란 법 그 자체에 사용되는 구체적인 용어를 말한다. 반면에 '법의 정신the spirit of the law'이란 법 이면의 근본적인 개념과 의지를 뜻한다.

따라서 법의 형식과 정신이 조화를 이루는 것이 가장 이상적인 경우라 할 것이다. 이 개념을 핵심 질문에 적용해보면, 그 형식은 앞서 설명한 세 가지 지침이 될 것이다.

핵심 질문의 형식은 아래와 같다.

1. '왜,' '언제,' '누가'가 아니라 '무엇' 또는 '어떻게'로 시작한
   다(우리말 어순에서는 문장 중간에 위치하는 경우가 많다 – 역주).

2. '그들,' '우리,' '당신'이 아니라 '나'를 포함한다.

3. 행동에 초점을 맞춘다.

그리고 핵심 질문의 정신은 아래와 같은 개인적 책임의식이다.

1. 피해의식, 태만, 비난에서 탈피한다.

2. 나를 변화시킬 수 있는 것은 오직 나뿐이다.

3. 행동을 취하라!

이런 내용을 언급하는 이유는, 핵심 질문의 형식을 준수하면서도 그 정신과 부합하지 않는 질문을 제기할 수도 있기 때문이다. 다음의 질문을 예로 들어보자.

"'당신'을 변화시키기 위해 내가 무엇을 할 수 있을까?"

"어떻게 이 문제와 관련된 '나의 책임'을 회피할 수 있을까?"

"어떻게 하면 이걸 '엉망'으로 만들어버릴 수 있을까?"

나의 아들이 즐겨 사용하는 질문도 위와 같은 예이다.

"이걸 '누구 탓'으로 돌릴까?"

물론 이 질문은 핵심 질문 정신 뿐 아니라 형식과도 배치된다. 이런 질문은 분명 진정한 핵심 질문과는 거리가 멀다. 정신과 형식이 부합하지 않는 핵심 질문은 더 이상 핵심 질문이라고 할 수 없기 때문이다.

그저 재미로 이런 질문을 할 수는 있다. 하지만 정말로 의미 있는 질문을 하고자 한다면 반드시 이 점을 기억해야 한다. 우리의 책임의식을 실천하기 위해서는, 핵심 질문의 형식과 핵심 질문 정신 모두에 부합하는 질문만이 유용하다.

이미 알고 난 뒤, 그리고 배우는 것

나는 아직 완성되지 않은 상품이다.
당신도 그렇지 않은가?

35

변화가 없다면
배움이 아니다

너무 많은 세미나에 참석하고, 너무 많은 강의를 듣고, 너무 많은 책을 사고, 너무 많은 음악을 듣고…. 하지만 진정으로 배우는 게 없다면 이 모든 것은 낭비에 지나지 않는다.

배움이란 세미나에 참석하고, 음악을 듣고, 책을 읽는다고 해서 저절로 얻어지는 것이 아니다. 뿐만 아니라 이런 식으로 얻은 것을 두고 지식이라고 할 수도 없다. 진정한 배움이란 '알고 있는 것'을 '행동'으로 옮기는 과정에서 비롯된다.

그리고 이것이 바로 변화이다. 변화가 없다면 배웠다고 할 수도 없다.

당신은 오늘 무엇을 배웠는가?

진정으로 배우는 게 없다면

이 모든 것은 낭비에 지나지 않는다.
배움이란 세미나에 참석하고, 음악을 듣고,
책을 읽는다고 해서 저절로 얻어지는 것이 아니다.
진정한 배움이란 '알고 있는 것'을 '행동'으로 옮기는 과정이다.
그리고 이것이 바로 변화이다.

36.

그냥
내버려둘 수는 없잖아요.
내가 엉망으로 만든 건데…

어느 일요일 오후, 차로 고속도로를 달리던 우리 가족은 희한한 장면을 목격했다. 고속도로 바로 옆 벌판에서 휠체어를 탄 한 남자가 여기저기 흩어져 날아가는 신문지 더미를 향해 몸을 던지고 있는 게 아닌가?

알고 보니 그는 몸이 불편한데도 불구하고 바람에 날리고 있는 신문들을 붙잡으려 하고 있었던 것이다. 하지만 마침 강한 바람이 계속 불어오고 있었기 때문에 신문지는 여기저기로 날아가 주변을 온통 뒤덮어버렸다.

이때 뒷좌석에 앉아 있던 큰아들 크리스틴이 소리쳤다.

“아빠, 우리가 가서 저 사람을 도와줘요!”

갓길에 차를 세운 뒤, 우리 가족은 그를 돕기 위해 황급히 달려갔다.

‘백지장도 맞들면 낫다.’는 속담처럼 여럿이서 함께 이리저리 흩어

진 신문을 주워 모았더니 의외로 일은 쉽게 끝났다.

우리가 그 신문들을 한 아름씩 안고 그 남자에게 다가갔을 때, 그는

날아가지 못하도록 깔고 앉았던 신문 몇 장을 꼭 붙들고 있었다.

문득 그에게 무슨 일이 있었는지 궁금해졌다.

크리스틴이 그에게 물었다.

“아저씨, 도대체 무슨 일이 있었던 거예요?”

다시 힘겹게 휠체어에 올라앉은 그는 아무 일도 아니라는 듯 손을

저으며 이렇게 말했다.

“집에 도착해서 보니 트럭에 실었던 신문지 꾸러미가 하나도

없더군요. 그래서 왔던 길을 되돌아와 보았는데, 아니나 다를

까 제가 떨어뜨린 신문지 더미가 길바닥에 널려 있더라구요.

정말 믿을 수 없는 광경이었지요!”

나 역시 믿어지지 않는다는 표정으로 그에게 물었다.

“그러면 이 많은 걸 혼자 치우려고 했단 말입니까?”

남자는 오히려 내가 이해가 가지 않는다는 듯 내 얼굴을 바라보고

는 이렇게 말했다.

"그냥 내버려둘 수는 없잖아요. 내가 엉망으로 만든 건데…."

'내가 엉망으로 만들었다'니! 그러니까 모든 책임이 자신에게 있다는 뜻이었다.

이것이야말로 개인적인 책임의식을 단적으로 보여주는 장면이 아닐 수 없었다.

이 책에서 우리는, 개인적 책임의식이란 다른 사람을 비난하고 불평하고 능장을 부리는 게 아니라, "내가 무엇을 할 수 있을까?"라는 의문을 가지고 행동으로 옮기는 것이라고 했다.

그리고 발전적인 질문을 만들기 위한 지침, 즉 모든 핵심 질문은 '무엇?' 또는 '어떻게?'로 시작하며, '나'를 포함하고, 행동에 초점을 맞추는 것을 소개하며, 우리의 사고를 통제하고 순간순간 발전적인 선택을 하는 것이 핵심 질문의 방식이라고 설명했었다.

핵심 질문을 우리의 삶에 실제로 적용하기 위해서는 무엇보다 왜 그래야 하는 지, 그 이유부터 분명히 알아야 한다. 그래야만 핵심 질문을 통해 이 책에서 소개한 인물들에게 조금이라도 더 다가갈 수 있기 때문이다.

- 식당 종업원, 제이콥

- 비행기 조종사, 스테이시의 아버지

- 비행기 승무원, 보니타

- 건축 자재 매장의 계산원, 주디

- 그리고 '자신의 책임'이라는 이유 때문에 바닥을 기어 다니

  며 힘겹게 신문을 주웠던 장애인(그의 이름은 브라이언이다)

사실 여기 소개한 사람들은 핵심 질문의 개념은 몰랐지만 행동으로 그 정신을 실천한 사람들이다.

나를 포함하여 저마다 삶의 현장에서 뛰고 있는 모든 사람들이 핵심 질문이 무엇인지 알아야만 한다. 물론 매순간 핵심 질문을 사용하는 것은 아니지만, 그래도 우리의 삶을 진정 의미 있는 삶으로 바꾸기 위해서는 반드시 사용해야 할 기법이기 때문이다.

우리가 몸담고 있는 조직도 마찬가지다.

다른 사람을 손가락질하면서 정작 자신은 늑장을 부린다거나, '나'와 '다른 사람들'을 구분하는 버릇에서 벗어나, 각자 자신의 위치와 역할에 최선을 다해 능력을 발휘하고 서로 협력하여 위대한 결과를 이끌어내기 위해 필요한 것이 바로 핵심 질문인 것이다.

앞에 나온 나의 경험들처럼, 핵심 질문은 아무리 강조해도 지나치지 않은 이상적인 비전이다.

더욱더 많은 사람들이 스스로의 책임의식을 실천할 때, 이 세상을 더 나은 곳으로 바꿀 수 있기 때문이다.

핵심 질문! 질문 중의 질문!

이것은 당신의 삶에 커다란 결실을 가져다줄 것이다.

배움의 원동력은 반복에 있습니다.

뭐라구요?

배움의 원동력은 반복에 있습니다.

한 번 더 말씀해주시겠어요?

배움의….

아, 예! 이제 무슨 뜻인지 알겠어요!

좋습니다. 이제 당신은 이 책을 다 읽었습니다.

하지만 다시 한 번 읽어주시기 바랍니다!

핵심 질문은 성숙한 책임의식을 요구한다

흔히 사람들은 남을 비난할 때 두 번째 손가락을 펴서 비난의 대상을 가리킨다. 쉬운 말로 '손가락질'이라고 하는데, 그 손의 모양을 유심히 살펴보자. 정상적인 손가락 다섯 개를 가진 사람이라면 남을 가리키는 두 번째 손가락을 제외한 나머지 세 손가락, 즉 셋째, 넷째, 다섯째 손가락은 누구를 가리키고 있는가? 사람들은 나머지 세 손가락이 자기 자신을 가리키고 있다는 사실을 늘 잊어버리고 사는 것 같다.

수년 전 몇몇 천주교 신도단체에서는 '내탓이오'라는 슬로건을 내

걸고 캠페인을 벌인 적이 있다. 그때는 그 문구의 스티커를 붙이고 다니는 자동차도 길에서 심심치 않게 볼 수 있었는데 지금은 아쉽게도 언제 그러한 운동이 있었냐는 듯이 사라졌다.

그런데 그 운동이 우리 사회에 얼마나 긍정적 영향을 주었을까? 정말 큰 변화를 가져다주었을까? 사실 이런 질문에 관해서 생각해보면 좀 회의적이라고 할 수 있다. 그 이유는 과연 무엇일까?

우리 사회에는 '무엇을 해야만 한다.'라는 당위적인 구호들은 무성하지만, '왜 그것을 해야 하는가?', '어떻게 해야 하는가?'에 대한 논의는 상대적으로 부족하다. 그런 이유 때문에 여러 좋은 캠페인들이 많은 시간과 자원을 투입하고도 별다른 성과 없이 흐지부지 끝나버리는 것이다. 그것은 내가, 그리고 내가 속한 조직이 '무엇을what',

'왜why', '어떻게how' 해야 하는 것인지에 대한 진지한 고민을 하지 않게 때문에 생겨난 결과로 어찌 보면 당연한 것인지도 모른다.

우리는 '무엇을 해야만 한다.'라는 구호에 대해서, 시간이 지나면 습관적으로 '누가who 그것을 하지 않았지?', '왜why 그것을 하지 않았지?', '언제when 그것을 하지 않았지?'라는 질책과 비난뿐인 어리석은 질문을 퍼붓기 시작한다. 자신과 자신이 속한 조직은 뒷전으로 밀어두고 먼저 남들과 남들이 속한 조직부터 비난하고 공격하는 것이다. 이것이야말로 자신의 눈에 들어 있는 들보는 보지 않고, 남의 눈에 들어 있는 티끌만 보는 격이다. 저자는 우리들에게 우리는 이제 으레 하는 질문의 이면에 숨겨진 발전적인 질문(QBQ: Question Behind Question)을 해야만 한다고 말한다. 이 핵심 질문의 원리를 요약하자면 다음과 같다.

우리에게 필요한 것은 남을 그리고 남이 속한 조직을 비난하고 질책하는 것이 아니다. 자신과 자신이 속한 조직에 대한 고민이 선행되어야만 한다. 즉, 우리가 무엇을 어떻게 할 것인가에 대해 지속적으로 질문하고 그 해답에 따라 행동하면 된다. 그것은 책임을 남에게 떠넘기거나 마지못해 남에게 반응response을 보이는 수준의 책임의식responsibility을 말하는 것이 아니다. 적극적이고 능동적으로 자신이 행한 일에 대한 설명account 의무로서의 책임의식accountability을 가지고 행동하는 것을 말한다.

나 자신도 이 책을 통해 내 삶과 일터에서 스스로에게 어떤 발전적인 질문을 던져야 할 것인가에 관해 고민해 볼 수 있었다. 물론 배운 것으로만 끝나면 변화는 결코 일어나지 않는다. 배운 것을 계속 실행에 옮겨서 습관이 되었을 때 진정한 변화가 일어나는 것이니까. 항상 주어진 사명을 이루기 위해 애쓰는 모든 한언 식구들과 역자는 핵심 질문이 우리 개개인들의 삶과 일터에서 한 차원 더 성숙한 책임의식accountability으로 빛나기를 진심으로 기원한다.

송경근

바보들은
항상
남의 탓만 한다

2003년 6월 5일 1판 1쇄 펴냄
2017년 10월 2일 개정판 1쇄 펴냄

지은이 존 G. 밀러
옮긴이 송경근
펴낸이 김철종
책임편집 김성은
디자인 이찬미
마케팅 오영일
인쇄제작 정민문화사

펴낸곳 한언
출판등록 1983년 9월 30일 제1 - 128호
주소 03146 서울시 종로구 삼일대로 453(경운동) KAFFE빌딩 2층
전화번호 02)701 - 6911 팩스번호 02)701 - 4449
전자우편 haneon@haneon.com 홈페이지 www.haneon.com

ISBN 978-89-5596-813-2 13320

* 이 책의 무단전재 및 복제를 금합니다.

* 책값은 뒤표지에 표시되어 있습니다.

* 잘못 만들어진 책은 구입하신 서점에서 바꾸어 드립니다.

이 도서의 국립중앙도서관 출판예정도서목록(CIP)은
서지정보유통지원시스템 홈페이지(http://seoji.nl.go.kr)와 국가자료공동목록시스템
(http://www.nl.go.kr/kolisnet)에서 이용하실 수 있습니다.(CIP제어번호: CIP2017024549)